高等职业技术教育"十三五"规划教材——铁道工程技术

铁道工程测量实训指导书

主 编 耿文燕 潘鹏飞 卢再光
副主编 卞家胜 冯申申
主 审 陈彦恒

西南交通大学出版社
·成 都·

内容简介

本书主要包括铁路工程施工测量实训须知、线路施工测量、桥梁与隧道施工测量、建筑施工测量和综合实训五部分。本书适用于高等、中等职业教育开设铁路施工测量、桥梁隧道施工测量及建筑施工测量课程的学生使用，也可供有关技术人员参考。

图书在版编目（CIP）数据

铁道工程测量实训指导书 / 耿文燕，潘鹏飞，卢再光主编. 一成都：西南交通大学出版社，2019.1
ISBN 978-7-5643-6670-4

Ⅰ. ①铁… Ⅱ. ①耿… ②潘… ③卢… Ⅲ. ①铁路测量 – 高等职业教育 – 教学参考资料 Ⅳ. ①U212.24

中国版本图书馆 CIP 数据核字（2018）第 290928 号

铁道工程测量实训指导书

主　编／耿文燕　潘鹏飞　卢再光　　　　　责任编辑／姜锡伟
封面设计／何东琳设计工作室

西南交通大学出版社出版发行
（四川省成都市二环路北一段 111 号西南交通大学创新大厦 21 楼　610031）
发行部电话：028-87600564　　028-87600533
网址：http://www.xnjdcbs.com
印刷：四川煤田地质制图印刷厂

成品尺寸　185 mm×260 mm
印张　8　　字数　169 千
版次　2019 年 1 月第 1 版　　印次　2019 年 1 月第 1 次

书号　ISBN 978-7-5643-6670-4
定价　24.80 元

课件咨询电话：028-87600533
图书如有印装质量问题　本社负责退换
版权所有　盗版必究　举报电话：028-87600562

前　言

　　"铁路施工测量"是一门实践性很强的专业主干课程，教学实训是铁路施工测量教学中不可缺少的环节。在铁路施工测量全部教学活动中，实训占有相当大的比重，通过实训进行系统化的操作训练，是培养学生动手能力和独立工作能力的主要途径，也是提升学生职业技能素养的重要方式。

　　本书主要适用于高职铁道工程技术相关专业的专业测量实训和综合实训。全书共分五大部分，分别是实训须知、线路施工测量、桥梁与隧道施工测量、建筑施工测量和综合实训。线路施工测量涵盖了线路工程施工中的基本测量操作，重点突出了点的放样、曲线放样等铁道工程施工中常见的内容。桥梁与隧道施工测量部分涵盖了桥梁、隧道施工中的常规测量工作。建筑施工测量部分涵盖了建筑施工过程中常用的测量方法。综合实训包含了线路纵横断面测绘及土石方计算、铁路曲线放样、CPⅢ控制网测量、地铁隧道施工沉降监测、建筑施工测量五个项目，主要锻炼学生的综合测量能力和学生在实际工程中运用测量方法的能力。

　　全书由耿文燕、潘鹏飞、卢再光主编，潘鹏飞统稿。参加编写的有耿文燕（第一部分、第二部分实训一至实训十、第五部分实训一），潘鹏飞（第二部分实训十一到实训十七、第五部分实训二和实训三），卢再光（第三部分、第五部分实训四），卞家胜（第四部分、第五部分实训五），冯申申（第五部分实训三、练习题）。

　　由于编者水平有限，书中不妥和疏漏之处在所难免，恳请各位读者批评指正，非常感谢！

编　者

2018 年 9 月

目　录

3. 实训或实习结束后，应清理仪器工具上的泥土，及时收装仪器工具，检查仪器设备数量及是否正确装箱，经组长检查、任课教师检查无误后，送还仪器室。仪器工具如有损坏和丢失，应写出书面报告说明情况，并按有关规定给予赔偿。

三、仪器的安装

1. 开箱取出仪器之前，应看清仪器在箱中的安放位置，以免装箱时发生困难。

2. 架设仪器脚架时，3 条腿抽出的长度和 3 条腿分开的跨度要适中，架头大致水平。若地面为泥土地面，应将脚架尖踩入土中，以防仪器下沉。若在斜坡地上架设仪器脚架，应使两条腿在坡下，一条腿在坡上。若在光滑地面上架设仪器脚架，要采取安全措施，防止仪器脚架打滑。

3. 仪器箱应平稳放在地面上或其他平台上才能开箱。开箱后应注意仪器的安放位置，以便用后按原样装箱。取仪器前，应先松开制动螺旋，以免在取出仪器时因强行扭转而损坏制动装置。

4. 取仪器时，应双手握住照准部支架或基座部分取出，然后轻轻放到三脚架头上。一手仍握住照准部支架，另一手将中心连接螺旋旋入基座底板的连接孔内旋紧。预防因忘记拧上中心连接螺旋或拧得不紧而摔坏仪器。

5. 从仪器箱取出仪器后，要随即将仪器箱盖好，以免沙土杂草进入箱内。禁止坐、蹬仪器箱。作业时，仪器和人员在哪里，就应将仪器箱等所有配件一并带在哪里，坚决不允许仪器和仪器箱等配件没人看管。

四、仪器的使用

1. 在任何时候，仪器旁必须有人看管，做到"人不离仪器"，以防止其他无关人员拨弄仪器或行人、车辆撞倒仪器。在太阳或小雨下使用仪器时，必须撑伞保护仪器，特别注意仪器不得受潮，雨大必须停止观测。

2. 观测过程中，除正常操作仪器螺旋外，尽量不要用手扶仪器及脚架，以免碰动仪器，影响观测精度。

3. 使用仪器时，要避免触摸仪器的目镜、物镜。若镜头有灰尘，应用仪器箱中的软毛刷拂去或用镜头专用纸轻轻擦去。严禁用手指或纸帕等物擦拭，以免损坏镜头上的药膜。

4. 暂停观测时，仪器必须安放在稳妥的地方由专人看护或将其收入仪器箱内，不得将其脚架收拢后依靠在树枝或墙壁上，以防侧滑跌落。水准尺、棱镜杆等也要注意不得依靠在树枝或墙壁上，以防侧滑跌落。

5. 转动仪器时，应先松开制动螺旋，然后平稳转动。制动时，制动螺旋不能拧得太紧。使用微动螺旋时，应先旋紧制动螺旋。微动螺旋和脚螺旋宜使用中段螺旋，不要旋到顶端，以免损伤螺纹。

五、仪器的搬迁

1. 远距离迁站或通过行走不便的地区时，必须将仪器装箱后再迁站。

2. 近距离且平坦地区迁站时，可将仪器连同脚架一同搬迁，其方法是：先检查连接螺旋是否旋紧，然后松开各制动螺旋使仪器保持初始位置，再收拢三脚架，左手拖住仪器的支架或基座，右手抱住脚架放在肋下，稳步行走。

水平角观测手簿

日期：_____　　天气：_____　　观测：_____　　记录：_____

测站	竖盘位置	目标	水平度盘读数	角值	平均角值	备注

四、练习题

已设出直角 AOB 后，用精确方法测得结果为 $90°00'30''$，又知 OB 的长度为 100.00 m，问在垂直于 OB 的方向上 B 点应该移动多少距离才能得到 $90°$ 的角度？

实训二　已知水平距离测设

一、目的与要求

1. 用 30 m 的钢尺，采用精密丈量的方法测设 75 m 的水平距离。
2. 技术要求：

边长丈量的相对误差　　　　　　1/10 000
丈量总次数　　　　　　　　　　2
估读　　　　　　　　　　　　　0.5 mm
同段各次的较差　　　　　　　　3 mm
温度读至　　　　　　　　　　　0.5 ℃
尺段高差较差　　　　　　　　　5 mm

二、仪器与工具

30 米钢尺 1，经纬仪 1，花杆 1，测钎 1，木桩 2，手锤 1，弹簧秤 1，温度计 1，水准仪 1，水准尺 1，记录板 2，帆布包 1，小钉 4，自备铅笔。

钢尺的尺长方程式为：$l = 30 + 0.005 + 12.5 \times 10^{-5} \times 30(t - 20\,℃)\mathrm{m}$

三、方法和步骤

1. 选择一平坦地区，清理场地，在地面上定出 A、C 两点，A、C 相距 60 ~ 80 m，设地面 AC 方向即为测设线段方向，见下图。

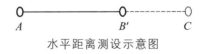

水平距离测设示意图

2. 将经纬仪安置在 A 点，将望远镜瞄准 C 点，然后自 A 点用钢尺进行丈量，量到 75 m 后用木桩在地上定出点 B'。打好木桩后再根据望远镜的指挥在木桩上钉一小钉，使小钉正位于十字丝的竖丝上。若遇坚硬路面可直接在路面上钉小钉或画十字线代替。

3. 对 AB' 进行精密丈量：用钢尺往返测量 A、B' 之间的距离，并测出丈量时的钢尺的温度，估读至 0.5 ℃。

4. 用水准仪往、返测量 A、B' 两桩顶间的高差，当两次测得高差之差不超过 5 mm 时，取其平均值作为观测成果。

5. 将往返测得的距离分别加尺长、温度和倾斜改正后，取其平均值作为 D_{AB}，与要测设的长度 D 相比较，求出改正值：

$$D_{AB} = D_{AB} - \Delta l_D - \Delta l_t - \Delta l_h$$

$$\Delta D = 75 - D_{AB}$$

在 AC 线上，自 B' 点向前或向后量出 ΔD 的距离，便得 B 点；将 B' 移到 B 点，此时 A、B 两点的水平距离，即为所要设置的线段长。

6. 再检测 AB 的水平距离，与设计的距离之差的相对误差应小于 1/10 000。

四、注意事项

1. 仔细阅读测量须知，认真并按时完成实训。
2. 爱护仪器和工具。钢尺防扭曲、碾压，用后一定清擦干净。

五、练习题

预沿 AC 方向测设 $AB = 100$ m，用一般方法测设后得 B' 点，往返丈量取平均值得 $AB' = 99.986$，试调整 B'，使 $AB = 100$ m。

实训三 极坐标法测设点位

一、目的与要求

1. 练习并掌握用极坐标法测设数据的计算和测设方法。
2. 能正确设置水平度盘读数和进行钢尺量距。
3. 具有极坐标法测设建筑物的能力。
4. 每组完成一个建筑物的测设并符合要求。

二、仪器与工具

DJ$_6$ 经纬仪 1，30 m 钢卷尺 1，木桩 4，记录板 1，帆布包 1，小钉 4，自备铅笔、计算器、草稿纸。

三、实训项目

根据下图所注数据，用极坐标法测设 4 个房角点 1、2、3、4。

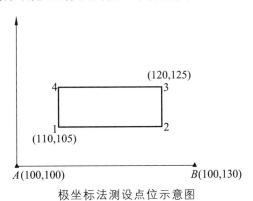

极坐标法测设点位示意图

四、方法与步骤

1. 计算测设数据：4 个角点的测设角值（β_1、β_2、β_3、β_4）及 4 个点到 A 点的距离（D_1、D_2、D_3、D_4）。

2. 在 A 点安置经纬仪，瞄准 B 点，测设角度 β_1，定出 A_1 方向。

3. 沿 A_1 方向自 A 点测设水平距离 D_1，定出 1 点，做出标志。

4. 用同样的方法测设出 2、3、4 点。测设数据与检测记录在下面的表格中。全部测设完毕后，检查建筑物两边夹角是否等于 90°，各边长是否等于设计长度，其误差应在限差范围内。

五、限差与规定

1. 经纬仪对中误差不能超过 2 mm。

2. 放样角度误差不超过 60″。

3. 放样距离的误差不超过 1/2 000。

4. 地面上标定点的误差不超过 3 mm。

极坐标法计算表和测设记录表如下：

极坐标法计算表

日期：_____ 天气：_____ 观测：_____ 记录：_____

点名	方向线	坐标方位角	应测设水平角	应测设水平距离

测设检测记录表

日期：＿＿＿＿＿＿　天气：＿＿＿＿＿＿　观测：＿＿＿＿＿＿　记录：＿＿＿＿＿＿

角号	实测角度	理论值	误差	线段	实测距离	设计距离	误差	相对误差
	° ′ ″	° ′ ″	″		m	m	mm	

示意图：

实训四　全站仪坐标法测设点位

一、目的与要求

1. 掌握全站仪坐标法测设点位相关数据的计算。
2. 掌握全站仪坐标法测设点位的方法和步骤。
3. 利用全站仪坐标法每组完成一个点位的测设。

二、仪器与工具

全站仪 1，棱镜 1，木桩 2，记录板 1，帆布包 1，小钉 2，自备铅笔、计算器、草稿纸。

三、实训项目

假设已知边 AB 的方位角为 $\alpha_{AB} = 90°$，起点 A 的坐标为（5，7），待放样点 P 的设计坐标为（7，9）。根据极坐标放样条件，先计算 AP 的坐标方位角和水平距离，再进行放样（下图）。

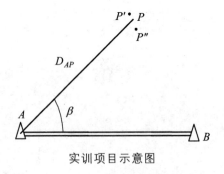

实训项目示意图

四、方法与步骤

1. 按坐标反算公式求出 AB、AP 的坐标方位角 α_{AB}、α_{AP}。
2. 计算 AP 和 AB 之间的夹角 β。

3. 计算 AP 两点的水平距离 D_{AP}。

4. 在 A 点安置全站仪，瞄准 B 点，先测设出 β 角，得 AP 方向线。在此方向线上测设距离 D_{AP}，即得 P 点的平面位置。

5. 也可以利用全站仪放样功能，进行点位放样，具体如下：

（1）在 A 点安置全站仪，进入放样程序，进行测站设置，输入 A 点坐标和 AB 的方向，进行定向。

（2）输入测设点 P 的坐标，进行放样。望远镜照准棱镜，按相应的功能键，即可立即显示当前棱镜位置与待测设点的坐标差。

（3）根据坐标差值，移动棱镜的位置，直至坐标差为零，这时所对应的位置就是待测设点 P 的位置。

五、限差与规定

1. 测设限差：水平角不大于 $\pm 60''$。
2. 水平距离的相对误差不大于 1/2 000。

六、注意事项

用测回法观测 β 角一个测回，往返丈量距离 D_{AP}，检核所测设的角度和距离，并计算实测值与设计值之差。若差值在限差内，则符合要求；反之，重测。

观测记录表格如下：

测回法观测水平角手簿

日期：＿＿＿＿＿＿　天气：＿＿＿＿＿＿　观测：＿＿＿＿＿＿　记录：＿＿＿＿＿＿

测站	测回数	目标	水平度盘的读数	半测回角值	一测回角值	各测回平均值	备注

水平距离记录表

日期：_____　　天气：_____　　　　记录：_____

线段名称	观测次数	距离/m	平均距离/m	相对误差	备注
	往				
	返				
	往				
	返				
	往				
	返				

七、练习题

已知控制点 A 的坐标为（4 810.101，3 796.972），控制点 B 的坐标为（4 957.219，3 588.478），求坐标方位角 α_{AB}。

实训五　高程放样

一、目的与要求

1. 掌握已知高程测设的方法。
2. 了解高程测设在建筑物定位中的应用。
3. 每位同学独立完成一组已知高程的测设。

二、仪器和工具

水准仪 1，水准尺 1，木桩 2，布袋 1，记号笔，手锤 1，小钉 2，自备铅笔、计算器、草稿纸。

三、实训项目

已知 A、B 点的高程，H_A = 80.000 m，H_B = 80.264 m，其中 A 点为已有水准点，测设出 B 点，记录现场数据，绘出示意图（下图）。

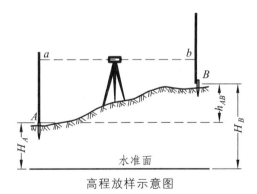

高程放样示意图

四、方法与步骤

1. 在一较平坦地区钉一木桩作为已知高程点 A，在欲测设高程点 B 处打一木桩。
2. 安置水准仪于 A、B 之间，后视 A 点上的水准尺，读后视读数 a，则水准仪视线高程（仪高）为：

$$H_i = H_A + a$$

3. 计算前视读数:

$$b = H_i - H_{设}$$

4. 在 B 点紧贴木桩侧面立尺,观测者指挥持尺者将水准尺上、下移动,当水准仪横丝对准尺上读数为 b 时,在木桩侧面用记号笔画出水准尺零端位置线(即尺底线),此线即为所要测设已知高程的位置线。

5. 检测:重新测量上述尺底的高程,与设计值比较,误差不得超过规定的值。

已知高程的测设记录表如下:

已知高程的测设记录表

日期: _____ 天气: _____ 观测: _____ 记录: _____

水准点号	水准点高程	后视	视线高程	测点编号	设计标高	前视读数	备注

五、限差与规定

高程测设误差不应大于 ± 12 mm。

六、练习题

已知某水准点 A 的高程为 507.531 m,欲测设高程为 506.940 m 的某建筑物 B 的标高。设水准尺在 A 点上的横丝读数为 1.023 m,问当水准尺立在该建筑物 B 的木桩上,其横丝读数为多少时,水准尺底部就是建筑物 B 的高程位置,并绘图说明。

实训六　坡度放样

一、目的与要求

1. 掌握已知坡度线测设的方法。
2. 每组完成一个已知坡度的放样。

二、仪器与工具

水准仪 1，水准尺 2，钢卷尺 1，木桩 6，布袋 1，记号笔 1，手锤 1，小钉 2，自备铅笔、计算器、草稿纸。

三、实训项目

已知：$H_A = 80$ m，欲从 A 到 B 测设距离 D 为 50 m，设计坡度为 + 1%，规定每隔 10 m 打一木桩，绘制示意图。

四、方法与步骤

1. 从 A 点开始，沿 AB 方向量距、打桩并依次编号。

2. 设起点 A 位于坡度线上，其高程为 H_A，根据设计的坡度和 AB 两点间的水平距离 D 计算出 B 点高程 $H_B = H_A + 0.01D$，并用测设已知高程点的方法将 B 点的位置测设出来。注意坡度的正负号。

3. 安置水准仪于 A 点，使一个脚螺旋位于 AB 方向上，另两个脚螺旋的连线与 AB 垂直，量取仪器高 i。

4. 用望远镜瞄准 B 点上的水准尺，转动位于 AB 方向上的脚螺旋，使横丝对准尺上为 i 值的读数处。

5. 不改变视线，依次立尺于各桩顶，轻轻打桩，待尺上读数恰好为 i 时，桩顶即位于设计的坡度线上。

当地面坡度不大但地面起伏稍大时，不能将桩顶打在坡度线上，此时，可读取水准尺的读数，然后计算出各中间点的填、挖高度：填、挖高度 = 水准尺读数 – i。计算结果为 " + "，表示填；" – " 表示挖。

测设设计坡度线记录表如下：

测设设计坡度线记录表

日期：_____　　天气：_____　　观测：_____　　记录：_____

桩号	仪器程	尺上读数	填、挖高度	备注
				坡线全长 =
				设计坡度 =
				起点高程 =
				终点高程 =

五、注意事项

1. 若设计坡度较大，测设时超出水准仪脚螺旋所能调节的范围，则可用经纬仪进行测设。

2. 仪器的高度应从仪器下部的桩顶量至仪器顶端。

六、练习题

已知 A 点的高程为 104.710 m，AB 两点的距离为 110 m，B 点的地面高程为 105.510 m，仪器安置于 A 点，仪器高为 1.140 m，今欲设置 +8‰的倾斜线，试求视线在 B 点尺上应截取的读数（下图）。

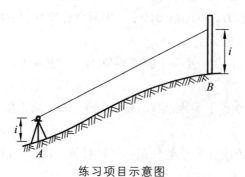

练习项目示意图

实训七　二等水准测量

一、目的与要求

1. 掌握二等水准测量的观测、记录和计算方法。
2. 掌握《工程测量规范》（GB 50026—2007）对二等水准测量各项限差的要求。

二、仪器与工具

电子水准仪 1，条码尺 1 对，尺垫 2 个，记录板 1，工具袋 1，测伞 1，自备铅笔、计算器、草稿纸。

三、方法和步骤

1. 观测前，指导教师讲解水准尺的分划注记、观测顺序、技术指标要求。
2. 指导老师给定已知高程点和待测高程，构成闭合水准路线。
3. 观测与记录：
（1）往、返测奇数站照准标尺顺序为：后—前—前—后。
（2）往、返测偶数站照准标尺顺序为：前—后—后—前。
4. 计算检核并填表。
（1）测站上的计算检核。
（2）水准路线的计算检核。

四、限差与规定

二等水准测量技术要求见下表：

二等水准测量技术要求（2 m 水准标尺）

视线长度/m	前后视距差/m	前后视距累积差/m	视线高度/m	两次读数所得高差之差/mm	水准仪重复测量次数	测段、环线闭合差/mm
≥3 且 ≤50	≤1.5	≤6.0	≤1.85 且 ≥0.55	≤0.6	≥2 次	$\leq 4\sqrt{L}$

注：L 为路线的总长度，以千米为单位。

五、注意事项

1. 在连续各测站上安置水准仪的三脚架时，应使其中两脚与水准路线的方向平行，而第三脚轮换置于路线方向的左侧与右侧。

2. 除路线转弯处外，每一测站上仪器与前后视标尺的三个位置，应接近一条直线。

3. 每一测段的往测和返测，其测站数均应为偶数。由往测转向返测时，两支标尺应互换位置，并应重新整置仪器。

4. 测站观测误差超限，在本站发现后可立即重测，若迁站后才检查发现，则应从水准点或间歇点（应经检测符合限差）起始，重新观测。

二等水准测量记录手簿和高程误差配赋表如下：

二等水准测量记录手簿

日期＿＿＿＿＿＿＿＿　　　天气＿＿＿＿＿＿＿＿＿　　　地点＿＿＿＿＿＿＿＿

观测＿＿＿＿＿＿＿＿　　　记录＿＿＿＿＿＿＿＿＿　　　仪器＿＿＿＿＿＿＿＿

测站编号	后距	前距	方向及尺号	标尺读数		两次读数之差	备注
	视距差	累积视距差		第一次读数	第二次读数		
			后				
			前				
			后－前				
			h				
			后				
			前				
			后－前				
			h				
			后				
			前				
			后－前				
			h				
			后				
			前				
			后－前				
			h				
			后				
			前				
			后－前				
			h				
			后				
			前				
			后－前				
			h				
			后				
			前				
			后－前				
			h				

高程误差配赋表

计算者：＿＿＿＿＿＿＿＿＿

点名	测段编号	距离/m	观测高差/m	改正数/m	改正后高差/m	高程/m

示意图：

实训八　线路纵断面测量

一、目的与要求

1. 掌握线路中线里程的确定方法。
2. 掌握纵断面的观测、记录和检核方法。
3. 能熟练进行纵断面测量及绘制纵断面图。
4. 每组完成指定线路的纵断面测量任务。

二、仪器与工具

水准仪 1，水准尺 1，经纬仪 1，记录板 1，工具袋 1，测伞 1，自备铅笔、计算器、草稿纸。

三、实训项目

1. 指导教师现场讲解测量过程、方法及注意事项。
2. 在给定区域，选定一条约 300 m 长的路线，在两端点钉木桩。用钢卷尺量距，每 30 m 处钉一中桩，并在坡度及方向变化处钉加桩，在木桩侧面标注桩号。A 点的高程为 80 m，起点桩桩号为 0 + 000，如下图所示。

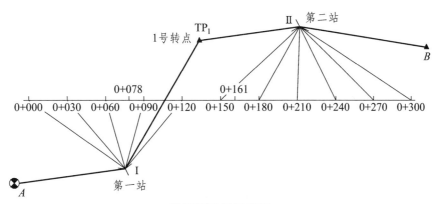

纵断面测量示意图

四、方法和步骤

1. 以 A 为已知点，采用往返水准路线进行观测，测量终点 B 的高程，作为纵断面测量的依据。

2. 水准仪安置在起点桩与第一转点间适当位置作为第一站（Ⅰ），瞄准（后视）立在附近水准点 A 上的水准尺，读取后视读数 a（读至毫米），填入记录表格，计算第一站视线高 H_I（$= H_A + a$）。

3. 统筹兼顾整个测量过程，选择前视方向上的第一个转点 TP_1，瞄准（前视）立在转点 TP_1 上的水准尺，读取前视读数 b（读至毫米），填入记录表格，计算转点 TP_1 的高程（$H_{TP_1} = H_I - b$）。

4. 再依次瞄准（中视）本站所能测到的立在各中桩及加桩上的水准尺，读取中视读数 S_i（读至厘米），填入记录表格，利用视线高计算中桩及加桩的高程（$H_i = H_I - S_i$）。

5. 仪器搬至第二站（Ⅱ），选择第二站前视方向上的转点 TP_2。仪器安置好后，瞄准（后视）TP_1 上的水准尺，读数，记录，计算第二站视线高 H_{II}；观测前视 TP_2 上的水准尺，读数，记录并计算 2 号转点 TP_2 的高程 H_{TP_2}。同法继续进行观测，直至线路终点 B。

中平测量记录表如下：

中平测量记录表

日 期：_____   测量者：_____   记录者：_____

测点	读数/m			仪器高程/m	高程/m	备注
	后视读数	中视读数	前视读数			
						$f_h =$
						$F_h =$
Σ						

6. 为了进行检核，可由线路终点返测至已知水准点，此时不需观测各中间点。

7. 外业测量完成后，可在室内进行纵断面图的绘制。水平距离比例尺可取为1∶1 000，高程比例尺可取为1∶100。

五、注意事项

1. 中视因无检核，所以读数与计算时要认真仔细，互相核准，防止出错。

2. 高差闭合差的限差为$\pm 30\sqrt{L}$ (mm)，L 为水准路线长度，超限应重测。

3. 实验结束后，应上交记录表纵断面水准测量记录表和线路纵断面图。

六、练习题

1. 道路纵断面图的高程比例尺通常比里程比例尺(　　)。

A. 小 1/2 　　　　B. 小 9/10 　　　　C. 大 1 倍 　　　　D. 大 10~20 倍

2. 中平测量中，转点的高程等于(　　)。

A. 视线高程 − 前视读数 　　　　B. 视线高程 + 后视读数

C. 视线高程 + 后视点高程 　　　　D. 视线高程 − 前视点高程

3. 某段线路中平测量的记录如下表，试完成其计算和检核。

某线路中平测量记录表

测点	读数/m			仪器高程/m	高程/m	备注
	后视读数	中视读数	前视读数			
BM$_1$	1.234				154.671	
DK23 + 234.58		2.10				$f_h =$
DK23 + 250		2.32				
DK23 + 300	2.115		2.866			
DK23 + 350		1.67				
DK23 + 400		1.32				
DK23 + 450		1.93				$F_h =$
DK23 + 500	1.891		1.225			
BM$_2$			0.789		155.021	
Σ						

实训九　线路横断面测量

一、目的与要求

1. 掌握横断面的观测、记录和检核方法。
2. 能熟练进行横断面测量及绘制横断面图。
3. 每组完成指定线路的横断面测量任务。

二、仪器与工具

水准仪 1，水准尺 1，经纬仪 1，记录板 1，工具袋 1，测伞 1，自备铅笔、计算器、草稿纸。

三、实训项目

1. 指导教师现场讲解测量过程、方法及注意事项。
2. 在给定区域，选定一条约 300 m 长的路线，在两端点钉木桩。用钢卷尺量距，每 30 m 处钉一中桩，并在坡度及方向变化处钉加桩，在木桩侧面标注桩号。A 点的高程为 80 m，起点桩桩号为 0 + 000，如下图所示。

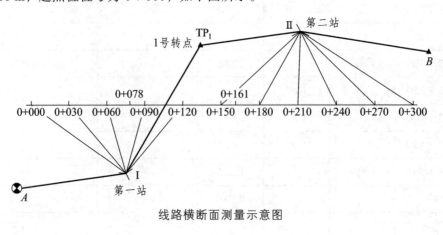

线路横断面测量示意图

四、方法和步骤

1. 每人选一里程桩进行横断面水准测量。在里程桩上，用方向架确定线路的垂直方向，在中线左右两侧各测 20 m，中桩至左、右侧各坡度变化点距离用皮尺丈量，读至分米；高差用水准仪测定，读至厘米，并将数据填入横断面测量记录表中。

2. 外业测量完成后，可在室内进行横断面图的绘制。水平距离比例尺可取为 1：200，高程比例尺可取为 1：200。（横断面图也可在现场边测、边绘并及时与实地对照检查）。

横断面测量记录表

日期：_____   测量者：_____   记录者：_____

左			后视读数	右		
前视读数/平距/m			桩号	前视读数/平距/m		

五、注意事项

1. 横断面水准测量与横断面绘制，应注意分清左、右，切勿弄错，最好在现场边测边绘。

2. 实验结束后，应上交记录表横断面水准测量记录表和线路横断面图。

六、练习题

根据下列水准仪施测 DK5＋800 处的横断面资料进行计算，并绘断面图。

DK5＋800 横断面资料

左侧					DK5＋800	右侧				
标高	前视	仪高	后视	距离	DK5＋800	距离	后视	仪高	前视	标高
503.72			1.20				0.36			503.72
	1.68			1.06		15.0			2.10	
	1.80			15		20			1.89	
	2.35			21.5		30.6			0.47	
	2.91			30		35			1.53	
						40			0.86	

根据以上数据绘制断面图：

实训十　路基边桩放样

一、目的与要求

1. 掌握平坦地段路基边桩的测设。
2. 掌握倾斜地段路基边桩的测设。
3. 掌握逐点趋近法进行边桩测设。
4. 每组完成指定路基边桩测设。

二、仪器与工具

全站仪 1，棱镜 1，钢卷尺 1，记录板 1，工具袋 1，测伞 1，自备铅笔、计算器、草稿纸。

三、实训项目

模拟铁路线路路基边桩放样，放样内容：在 DK18 + 000 置镜，后视 DK18 + 010，放样 DK18 + 000 中桩的左右边桩。DK18 + 000 的中桩高程 $H_0 = 427.68$ m，如下图。

DK18+000　DK18+010　DK18+020　DK18+030　DK18+040　DK18+050
放样内容示意图

四、方法与步骤

1. 平坦地段路基边桩的测设。$B/2 = 5$ m，中桩填土高度 $H = 3.8$ m，边坡率 $m = 1.5$，见下图。

$$D = B/2 + mH$$

代入公式求出 D，在 DK18 + 000 处安置仪器，拨角 90°，放样处左右边桩。

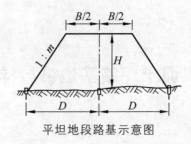

平坦地段路基示意图

2. 倾斜地段路基边桩的测设。某项目施工中有一处路堤边桩示意图，如下图所示，路基一半宽 $b/2 = 5$ m，中桩填土高度 $H = 3.8$ m，边坡率 $m = 1.5$。

$$D_上 = b/2 + m(H - h_上)$$

$$D_下 = b/2 + m(H + h_下)$$

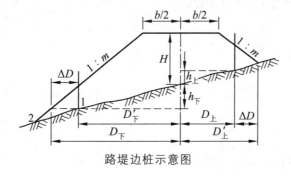

路堤边桩示意图

代入公式求出 $D_上$ 和 $D_下$，在 DK18 + 000 处安置仪器，拨角 90°，放样处左右边桩。

3. 逐点趋近法

当地面横向坡度起伏较大，两侧边桩到中桩的距离相差较大时使用逐点趋近法。

（1）路堤：先估计边桩大致位置 1 点处（上坡）测出水平距离 D_1'，高差 h_1；路基面到 1 点的高差为 $H - h_1$，见下图。在此高差时，中桩到边桩的水平距离应为：

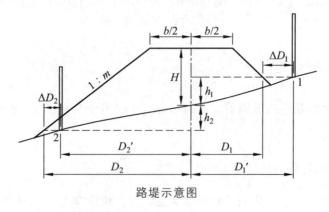

路堤示意图

$$D_1 = \frac{b}{2} + m \times (H - h_1)$$

$$\Delta D = D_1' - D_1$$

注意：H——路基填挖高度的绝对值；

　　　h_1——观测点相对于中桩的高差，应考虑正负号。

　　若$\Delta D > 0$，向内移动，略小于ΔD；若$\Delta D < 0$，向外移动。当$\Delta D \leqslant 0.1$ m时，可认为观测位置就是边桩的位置。

　　下坡一侧由于观测点相对于中桩的高差是负值，上式仍然适用。（移动量略大于ΔD）

　　（2）路堑：先估计边桩大致位置1点处（上坡），测出：水平距离D_1'、高差h_1；路基面到1点的高差为$H + h_1$，见下图。在此高差时，中桩到边桩的水平距离应为：

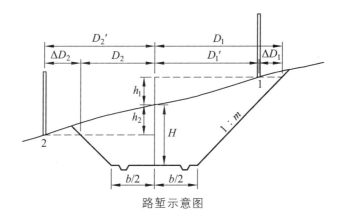

路堑示意图

$$D_1 = \frac{b}{2} + m \times (H + h_1)$$

$$\Delta D = D_1' - D_1$$

注意：H——路基填挖高度的绝对值；

　　　h_1——观测点相对于中桩的高差，应考虑正负号。

　　若$\Delta D > 0$，向内移动，略大于ΔD；若$\Delta D < 0$，向外移动。下坡一侧仍然适用。（移动量略小于ΔD）

五、注意事项

1. 在计算放样数据时，要注意进行计算检核，确保计算数据的正确性。
2. 在使用仪器后要及时对测量仪器进行保养。
3. 边桩放样时要注意所放点位应落在地面上。
4. 注意边桩施测过程中的安全意识培养。

实训十一　圆曲线主点放样

一、目的及要求

1. 掌握圆曲线主点里程的计算方法。
2. 掌握圆曲线主点的测设方法与测设过程。

二、仪器与工具

经纬仪 1、木桩 3、测钎 3、皮尺 1、记录板 1、测伞 1。自备计算器、铅笔、小刀、计算用纸。

三、方法与步骤

1. 在平坦地区定出路线导线的 3 个交点(JD$_1$、JD$_2$、JD$_3$)，如下图所示，并在所选点上用木桩标定其位置。导线边长要大于 30m，目估右转角$\beta_右$<145°。

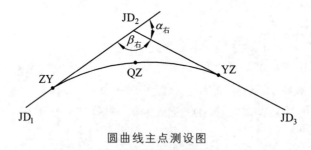

圆曲线主点测设图

2. 在交点 JD$_2$ 上安置经纬仪，用测回法观测出$\beta_右$，并计算出右转角$\alpha_右$。

$$\alpha_右 = 180° - \beta_右$$

3. 假定圆曲线半径 $R = 100$ m，然后根据 R 和$\alpha_右$，计算曲线测设元素 L、T、E、D。计算公式如下：

切线长：$T = R \tan \dfrac{\alpha}{2}$

曲线长：$L = R\alpha\dfrac{\pi}{180°}$

外距：$E = R(\sec\dfrac{\alpha}{2} - 1)$

曲差：$D = 2T - L$

4. 计算圆曲线主点的里程(假定 JD_2 的里程为 K2 + 300.00)。计算列表如下：

$$
\begin{array}{ll}
JD_2 & K2 + 300.00 \\
-\ )\ \underline{\qquad\quad T} & \\
& ZY \\
+\ )\ \underline{\qquad\quad L} & \\
& YZ \\
-\ )\ \underline{\qquad\quad L/2} & \\
& QZ \\
+\ )\ \underline{\qquad\quad D/2} & \\
JD_2 & K2 + 300.00 \qquad (检核计算)
\end{array}
$$

5. 测设圆曲线主点：

（1）在 JD_2 上安置经纬仪，对中、整平后照准 JD_1 上的测量标志。

（2）在 JD_2—JD_1 方向线上，自 JD_2 量取切线长 T，得圆曲线起点 ZY，插一测钎，作为起点桩。

（3）转动经纬仪并照准 JD_3 上的测量标志，拧紧水平和竖直制动螺旋。

（4）在 JD_2—JD_3 方向线上，自 JD_2 量取切线长 T，得圆曲线终点 YZ，插一测钎，作为终点桩。

（5）用经纬仪设置 $\beta_右/2$ 的方向线，即 $\beta_右$ 的角平分线。在此角平分线上自 JD_2 量取外距 E，得圆曲线中点 QZ，插一测钎，作为中点桩。

6. 站在曲线内侧观察 ZY、QZ、YZ 桩是否有圆曲线的线形，以作为概略检核。

7. 小组成员相互交换工种后再重复第 5 点的（1）、（2）、（3）的步骤，看两次设置的主点位置是否重合。如果不重合，而且差得太大，那就要查找原因，重新测设。如在容许范围内，则点位即可确定。

圆曲线主点测设数据记录表如下：

圆曲线主点测设数据记录表

日期：_____ 班级：_____ 组别：_____ 观测者：_____ 记录者：_____

交点号				交点里程			
转角观测结果	盘位	目　标	水平度盘读数	半测回右角值	右　角	转　角
	盘左					
	盘右					

曲线元素	R（半径）=　　　　　　T（切线长）=　　　　　　E（外距）= α（转角）=　　　　　　L（曲线长）=　　　　　　D（切曲差）=

主点里程	ZY 桩号：　　　　　QZ 桩号：　　　　　YZ 桩号：

主点测设方法	测　设　草　图	测　设　方　法

备注	

实训十二　偏角法详细测设圆曲线

一、目的与要求

1. 掌握用偏角法进行圆曲线的详细测设。
2. 实训时数安排为 3 学时，实训小组由 6 人组成。

二、仪器与工具

DJ_6 经纬仪 1，钢尺 1，标杆 2，测钎 10，木桩 3，锤子 1，记录板 1，计算器 1。

三、方法与步骤

1. 用偏角法详细测设圆曲线。

设圆曲线上里程每 10 m 整需要测设里程桩，则 $l_0 = 10 l_1$ 为曲线上第一个整 10 m 桩 P_1 与圆曲线起点 ZY 间的弧长，如下图所示。

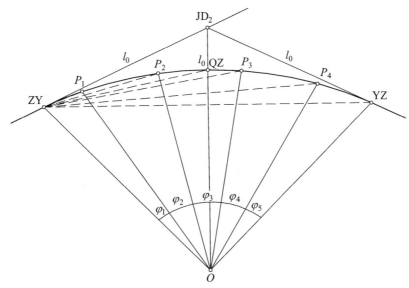

偏角法详细测设圆曲线图

用偏角法测设圆曲线详细位置，按下式计算测设 P_1 点的偏角 Δ_1 和以后每增加 10 m 弧长的各点的偏角增量 Δ_0：

$$\Delta_0 = \frac{l_0}{2R} \times \frac{180°}{\pi}$$

$$\Delta_1 = \frac{l_1}{2R} \times \frac{180°}{\pi}$$

P_2，P_3，$\cdots$，P_i 等细部点的偏角按下式计算：

$$\Delta_2 = \Delta_1 + \Delta_0$$

$$\Delta_3 = \Delta_1 + 2\Delta_0$$

$$\cdots\cdots$$

$$\Delta_i = \Delta_1 + (i-1)\Delta_0$$

曲线起点至曲线上任一细部点 P_i 的弦长 C_i，按下式计算：

$$C_i = 2R \sin \Delta_i$$

曲线上相邻整桩间的弦长 C_0 按下式计算：

$$C_i = 2R \sin \Delta_0$$

曲线上任两点的弧长 l 与弦长 C 之差（弦弧差）按下式计算：

$$l - C = \delta = \frac{l^3}{24R^2}$$

根据以上这些公式和算得的曲线主点桩号，计算圆曲线偏角法测设数据，记录于表中。

2. 偏角法详细测设圆曲线的步骤如下：

（1）安置经纬仪于 ZY 点，瞄准 JD$_1$，变换水平度盘位置使读数为 0°00′00″。

（2）顺时针方向转动照准部，使水平度盘读数为 Δ_1，从 ZY 点在经纬仪所指方向上用钢尺测设 C_1，得到 P_1 的位置，用测钎标出。

（3）再顺时针方向转动照准部，使水平度盘读数为 Δ_2，从 P_1 点用钢尺测设弦长 C_0，与经纬仪所指方向相交，得到 P_2 点的位置，也用测钎标出，依此类推，测设出各桩；

（4）测设至圆曲线终点 YZ 可作检核；YZ 的偏角应等于 $\alpha/2$，从曲线上最后一点量至 YZ 应等于其计算的弦长。如果两者不符合，其闭合差不应大于如下规定：

半径方向（横向）：±0.01 m

切线方向（纵向）：$\pm\dfrac{1}{1\,000}$

四、注意事项

1. 圆曲线主点测设元素和偏角法测设数据的计算应经两人独立计算，校核无误后方可进行测设。

2. 本次实训所占场地较大，仪器工具较多，应及时收拾，防止丢失。

3. 小组成员间应密切配合，保证实训顺利完成。

五、课内计划学时

课内 2 学时。

六、上交资料

每人上交实训报告 1 份。

实训十三　切线支距法详细测设圆曲线

一、目的与要求

1. 学会用切线支距法详细测设圆曲线。
2. 掌握切线支距法测设数据的计算及测设过程。

二、仪器与工具

经纬仪 1、皮尺 1、小目标架 3、测钎若干、方向架 1、记录板 1，自备计算器、铅笔、小刀、记录计算用纸。

三、方法与步骤

1. 切线支距法原理：

切线支距法是以曲线起点 YZ 或终点 ZY 为坐标原点，以切线为 X 轴，以过原点的半径为 Y 轴，根据曲线上各点的坐标（X, Y）进行测设的，故又称直角坐标法。如下图所示，设 P_1、P_2、…为曲线上的待测点，l_i 为它们的桩距（弧长），其所对的圆心角为 φ_i，由图可以看出测设元素可由下式计算：

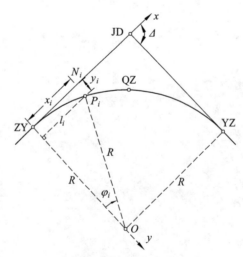

切线支距法测设原理图

$$x = R\sin\varphi$$
$$y = R(1-\cos\varphi)$$

式中：$\varphi = \dfrac{l}{R} \cdot \dfrac{180°}{\pi}$

2. 测设方法：

（1）在实训前首先按照本次实训所给的数据计算出所需测设数据。

（2）根据所算出的圆曲线主点里程测设圆曲线主点。

（3）将经纬仪置于圆曲线起点(或终点)，标定出切线方向，也可以用花杆标定切线方向。

（4）根据各里程桩点的横坐标用皮尺从曲线起点(或终点)沿切线方向量取 x_1、x_2、$x_3\cdots$，得各点垂足，并用测钎标记之，如上图所示。

（5）在各垂足点用方向架标定垂线，并沿此垂线方向分别量出 y_1、y_2、y_3、$\cdots$，即定出曲线上 P_1、P_2、P_3、$\cdots$各桩点，并用测钎标记其位置。

（6）从曲线的起(终)点分别向曲线中点测设，测设完毕后，用丈量所定各点间弦长来校核其位置是否正确，也可用弦线偏距法进行校核。

四、实习数据

已知：圆曲线的半径 $R = 100$ m，JD_2 的里程为 K4 + 296.67，桩距 $l = 10$ m，按切线支距整桩距法设桩，试计算各桩点的坐标$(x，y)$，并详细测设此圆曲线（转角视实训场地现场测定）。

切线支距法详细测设圆曲线数据记录表如下：

切线支距法详细测设圆曲线数据记录表

日期：_____ 班级：_____ 组别：_____ 观测者：_____ 记录者：_____

交点号				交点里程			

<table>
<tr><td rowspan="5">转角观测结果</td><td>盘位</td><td>目　　标</td><td>水平度盘读数</td><td>半测回右角值</td><td>右　角</td><td>转　角</td></tr>
<tr><td rowspan="2">盘左</td><td></td><td></td><td></td><td rowspan="4"></td><td rowspan="4"></td></tr>
<tr><td></td><td></td><td></td></tr>
<tr><td rowspan="2">盘右</td><td></td><td></td><td></td></tr>
<tr><td></td><td></td><td></td></tr>
</table>

曲线元素	R（半径）= T（切线长）= E（外距）= α（转角）= L（曲线长）= D（切曲差）=

主点桩号	ZY 桩号： QZ 桩号： YZ 桩号：

<table>
<tr><td rowspan="11">各中桩的测设数据</td><td>桩　　号</td><td>曲线长</td><td>x</td><td>y</td><td>备　　注</td></tr>
<tr><td></td><td></td><td></td><td></td><td rowspan="10"></td></tr>
<tr><td></td><td></td><td></td><td></td></tr>
<tr><td></td><td></td><td></td><td></td></tr>
<tr><td></td><td></td><td></td><td></td></tr>
<tr><td></td><td></td><td></td><td></td></tr>
<tr><td></td><td></td><td></td><td></td></tr>
<tr><td></td><td></td><td></td><td></td></tr>
<tr><td></td><td></td><td></td><td></td></tr>
<tr><td></td><td></td><td></td><td></td></tr>
<tr><td></td><td></td><td></td><td></td></tr>
</table>

略图：

计算：   检核：

实训十四　带有缓和曲线的综合曲线主点测设

一、目的与要求

1. 掌握缓和曲线测设要素的计算。
2. 掌握缓和曲线主点里程桩号的计算。
3. 掌握缓和曲线主点的测设方法。

二、仪器与工具

经纬仪 1、钢尺 1、皮尺 1、花杆 1、木桩 20、铁锤 1、测钎 2、记录板 1 等。

三、方法与步骤

1. 计算。

（1）按给定的设计数据计算缓和曲线常数：x_0、y_0、β_0、p、m、δ_0。

$$x_0 = l_0 - \frac{l_0^3}{40R^2}$$

$$y_0 = \frac{l_0^2}{6R}$$

$$\beta_0 = \frac{l_0}{2R} \cdot \frac{180°}{\pi}$$

$$p = \frac{l_0^2}{24R}$$

$$m = \frac{l_0}{2} - \frac{l_0^3}{240R^2}$$

$$\delta_0 = \frac{\beta_0}{3} = \frac{l_0}{6R} \cdot \frac{180°}{\pi}$$

（2）计算圆曲线加缓和曲线的综合要素：

$$T = (R + p) \cdot \tan\frac{\alpha}{2} + m$$

$$L = L_0 + 2l_0 = R(\alpha - 2\beta_0)\frac{\pi}{180°} + 2l_0$$

$$E_0 = (R + p)\sec\frac{\alpha}{2} - R$$

$$q = 2T - L$$

（3）计算主点 ZH、HY、QZ、YH、HZ 的里程桩号。

$$HY = ZH + l_0$$

$$QZ = HY + (L/2 - l_0)$$

$$YH = QZ + (L/2 - l_0)$$

$$HZ = YH + l_0$$

2. 测设步骤

（1）ZH 点的测设：

在 JD_i 上架设仪器完成对中整平，将望远镜瞄准 JD_{i-1}，制动照准部。拨动水平度盘变换手轮，将水平度盘读数变换为 $0°00'00''$。保持照准部不动，以望远镜定向。从 JD_i 出发在该切线方向上，量取切线长 T，得到直缓 ZH 点，打桩定点。

（2）HY 点的测设：

保持照准部不动，以望远镜定向。从 ZH 出发在该切线方向上，量取 x_0 得到垂足，在该垂足上用十字架定出垂直于切线方向的垂线，并从垂足沿该垂线方向量取 y_0 得到 HY 点，打桩定点。

（3）QZ 点测设：

先确定分角线方向。当路线左转时，顺时针转动照准部至水平度盘读数为 $\frac{180° - \alpha}{2}$ 时，制动照准部，此时望远镜视线方向为分角线方向。当路线右转时，顺时针转动照准部至水平度盘读数为 $\frac{180° + \alpha}{2}$ 时，制动照准部，然后倒转望远镜，此时望远镜视线方向为分角线方向。

在分角线方向上，从 JD_i 量取外距 E，定出 QZ 并打桩。

（4）HZ 点的测设：

转动照准部，将望远镜瞄准 JD_{i+1}，制动照准部，望远镜定向。从 JD_i 出发在该切线方向上，量取切线长 T，得到缓直点 HZ，打桩定点。

（5）YH 点的测设：

保持照准部不动，以望远镜定向。从 HZ 点出发在该切线方向上，向 JD_i 量取 x_0 得到垂足，在该垂足上用十字架定出垂线方向，并从垂足沿该垂线方向量取 x_0 得到 YH 点，打桩定点。

四、注意事项

1. 计算时认真仔细，注意验算避免计算错误。
2. 测设时注意校核，保证准确性和精度，尤其是主点位置不能错。

五、练习题

已知 JD_3 的地面位置及 JD_3 到 JD_2 的坐标方位角为 $28°36'20''$。交点处圆曲线半径 $R = 500$ m，缓和曲线长 $l_0 = 60$ m，JD_3 转角 $\alpha = 28°36'20''$，ZH 点里程为 K33 + 424.67，求综合要素及主点的里程，并放样出各主点的位置。

带有缓和曲线的综合曲线主点测设成果表如下：

带有缓和曲线的综合曲线主点测设成果表

计算成果				
缓和曲线常数	缓和曲线切线角 β			
	切垂距 m			
	内移距 P			
曲线要素	切线长 T			
	曲线长 L			
	外矢距 E_0			
	切曲差 Q			
曲线主点	特征点	里程	北坐标 X	东坐标 Y
	直缓点 ZH			
	缓圆点 HY			
	曲中点 QZ			
	圆缓点 YH			
	缓直点 HZ			

实训十五　偏角法测设带有缓和曲线的综合曲线

一、目的与要求

1. 掌握用切线支距法计算支距等曲线要素。
2. 掌握用偏角法测设带有缓和曲线的综合曲线。

二、仪器与工具

经纬仪 1、钢尺 1、皮尺 1、花杆 1、木桩 20、铁锤 1、测钎 2、十字架 1、竹桩 1、记录板 1、小红纸 2。

三、实训项目

完成实训十四后，项目用偏角法进行带缓和曲线的曲线详细测设。

四、方法与步骤

1. 计算。

根据偏角法计算曲线详细测设数据。

缓和曲线部分，确定弦长后（假设为 10 m），各点偏角计算：

$$\beta_0 = \frac{l_0}{2R} \cdot \frac{180°}{\pi}$$

$$\delta_0 = \frac{\beta_0}{3}$$

$$\delta_1 = \frac{\delta_0}{N^2}$$

$$\delta_2 = 2^2 \delta_1$$

……

$$\delta_N = N^2 \delta_1 = \delta_0$$

2．测设步骤。

（1）缓和曲线测设：

① ZH 设站，后视 JD，配盘 0°0′00″。

② 先拨角 δ_0（此图为反拨）核对 HY 点是否在视线方向上。

③ 拨角 δ_1，以起点（ZH）量取 10 m 弦长与视线相交,定出曲线点 1 点。

④ 拨角 δ_2，以 1 点为圆心、10 m 弦长为半径与视线相交,定出曲线点 2 点。同理得 3…N 点。

⑤ 拨角 δ_N，以 $N-1$ 点为圆心、10 m 弦长为半径与视线相交,定出曲线点 N（HY），并检核是否落在主点（HY）上。

（2）圆曲线测设：

① 经纬仪安置在 HY（YH）点上。

② 偏角计算和测设与单纯圆曲线相同。

③ 问题的关键是找到测站点（HY 或 YH）的切线方向，并使此方向为度盘零方向。

④ HY（YH）点的切线方向(零方向)的确定：

在 HY(YH)点置镜瞄准 ZH(HZ)点：

反拨圆曲线：将水平盘配置成 $180° + b_0$；

正拨圆曲线：将水平盘配置成 $180° - b_0$。

转动照准部，即可按圆曲线上曲线点的偏角（正、反拨值）测设相应的曲线点，直到 QZ。（水平盘读数为 0°0′00″时,为测设圆曲线的切线方向）

五、注意事项

1. 测设时注意校核，以保证准确性和精度，尤其是主点位置不能错。

2. 用切线支距法测设曲线时，为了避免支距过长，一般由 ZH 点或 HZ 点分别向 QZ 点施测。

实训十六　切线支距法测设带有缓和曲线的综合曲线

一、目的与要求

1. 掌握用切线支距法计算相关曲线支距及参数。
2. 掌握用切线支距法进行带缓和曲线的曲线的详细测设。

二、仪器与工具

经纬仪 1、钢尺 1、皮尺 1、花杆 1、木桩 1、铁锤 20、测钎 2、十字架 1、竹桩 1、记录板 1、小红纸 2。

三、实训项目

完成实训十四后，用切线支距法进行带缓和曲线的曲线的详细测设。

四、方法与步骤

1. 计算。

根据切线支距法计算曲线详细测设数据。

（1）缓和曲线部分，测设点的坐标：

$$x = l - \frac{l^5}{40R^2 l_0^2}$$

$$y = \frac{l^3}{6R l_0}$$

（2）圆曲线部分，测设点的坐标：

$$x_i + R \cdot \sin \alpha_i + m$$

$$y_i = R(1 - \cos \alpha_i) + p$$

式中：

$$\alpha_i = \frac{l_i - l_0}{R} \cdot \frac{180°}{\pi} + \beta_0$$

2. 测设步骤。

（1）切线支距法先测设缓和曲线上各点，其测设方法与圆曲线切线支距法相同。

（2）在切线上由 ZH 点垂直于 ZH 点切线向圆曲线内侧量 y_0，得点 A。点 A 与 HY 点相连即是 HY 的切线。利用该切线，按圆曲线切线支距法测设圆曲线部分。

（3）将曲中点 QZ 测设后和原主点放样所得 QZ 位置进行比较，若横向误差不大于 0.1 m，纵向误差不超过 $\pm\dfrac{L}{1\,000}$（L 为曲线长度），则满足精度要求。

五、注意事项

1. 测设时注意校核，以保证准确性和精度，尤其是主点位置不能错。

2. 用切线支距法测设曲线时，为了避免支距过长，一般由 ZH 点或 HZ 点分别向 QZ 点施测。

实训十七　全站仪坐标法测设带有缓和曲线的综合曲线

一、目的与要求

1. 掌握缓和曲线和圆曲线的坐标计算。
2. 掌握用全站仪坐标法进行带缓和曲线的曲线的详细测设。

二、仪器与工具

全站仪、全站仪配套大棱镜 2、放样小棱镜 1，三脚架 3、3 m 卷尺 1、计算器 1。

三、实训项目

1. 计算部分
（1）曲线要素、常数及主点里程。
（2）坐标反算计算坐标方位角。
（3）计算 ZH 点和 HZ 点及直线段任一点的中桩坐标。
（4）计算缓和曲线上任意点的中桩坐标并转换到统一坐标系。
（5）计算圆曲线内任意一点的中桩坐标并转换到统一坐标系。
2. 放样部分。
根据现场的已知点，对全站仪进行设站定向。然后采用全站仪点的放样的方法放样出计算点的位置。

四、方法与步骤

1. 计算。
（1）曲线要素、常数及主点里程计算详见实训十四。
（2）坐标方位角计算。
根据给定的已知点或 JD_i 坐标，采用坐标反算法计算 ZH 点和 HZ 点切线的坐标方位角。
（3）计算 ZH 点和 HZ 点及直线段任一点的中桩坐标。
（4）计算缓和曲线上任一点的坐标。

（5）计算圆曲线上任一点的坐标。

2. 用全站仪坐标法放样曲线中桩。

（1）在现场已知的测站点安置全站仪，在已知的定向点安置棱镜，后视定向点设站。

（2）进入全站仪点放样程序，输入曲线待放样点的计算坐标，进行实地放样，并在地面上做好标记。

（3）放样完成后，在测站点重新安置仪器，后视定向点设站，实测放样点位坐标与理论坐标进行比较。

五、限差与规定

计算结果误差在 ±2 mm 之内；缓和曲线切线角计算结果取位至秒，计算结果误差在 2″ 之内，放样误差在 ±5 cm 之内。

六、注意事项

1. 计算时认真，并注意复核，以防计算结果出现错误。
2. 注意爱护全站仪及配套棱镜等贵重仪器，要有专人看护，防止损坏丢失。

七、练习题

下表是某曲线的已知数据，试计算缓和曲线常数、曲线要素、主点里程及坐标，计算 A 点（里程 DK498 + 168.0922）的坐标并放样 A 点位置，检核 A 点放样偏差。

交点号	坐标 N	坐标 E	偏角(° ′ ″) 左偏为负、右偏为正	曲线半径/m	缓和曲线/m	起点里程
QD	2533282.9382	496265.1957				DK497 + 600.000
JD$_1$	2533206.43432	495211.2175	− 21°22′0.13.7596″	3500	350	
ZD	2532854.3523	494473.7934				

曲线坐标放样成果见下表：

曲线坐标放样成果表

计算成果				
缓和曲线常数	缓和曲线切线角 β			
	切垂距 m			
	内移距 P			
曲线要素	切线长 T			
	曲线长 L			
	外矢距 E_0			
	切曲差 Q			
曲线主点	特征点	里程	北坐标 X	东坐标 Y
	直缓点 ZH			
	缓圆点 HY			
	曲中点 QZ			
	圆缓点 YH			
	缓直点 HZ			
指定中桩	指定点	北坐标 X		东坐标 Y

放样点位计算坐标与实测坐标较差成果表							
放样点名	计算坐标		实测坐标		较差/mm		
	X	Y	X	Y	Δx	Δy	Δd

备注：参赛队只需观测记录放样点实测坐标，理论坐标和较差由裁判员填写计算。

第三部分　桥梁与隧道施工测量

实训一　桥轴线控制桩测设

一、目的与要求

1. 认识桥梁平面施工控制测量的方法。

2. 练习钢尺、测距仪或全站仪的使用。

3. 掌握距离测量精度评定的方法。

4. 每 3~4 人一组，进行观测、记录、计算和绘图操作。

二、仪器与工具

50 m 钢卷尺 1、全站仪 1、棱镜 1、对中架 1、测钎若干、记录板 1、测伞 1。

三、方法与步骤

1. 熟悉直线桥梁施工图纸。

2. 绘制轴线控制桩测设草图。

3. 各个测量小组在教师规定的线路中线上选定并布设轴线控制桩，可以采用大木桩上钉小钉的方法。教师规定的线路可以采用两个线路上的转点标识，各个小组采用不同的线路转点进行实训练习。轴线控制桩应距离桥台台尾 5 m 以上。

4. 轴线控制桩间距有 70 多米，宜采用分三段的方法进行丈量，先进行经纬仪直线定线，在轴线控制桩 A 和 B 之间标定 1 和 2 点。

5. 丈量时后尺手持钢尺零点一端，前尺手持钢尺末端和一组测钎沿 BA 方向前进，行至一尺段处停下，后尺手指挥前尺手将钢尺拉在 B、A 直线上，后尺手将钢尺的零点对准 B 点，当两人同时把钢尺拉紧后，前尺手在钢尺末端的整尺段长分划处竖直插下一根测钎得到 1 点，即量完一个尺段。前、后尺手抬尺前进，当后尺手到达插测钎处时停住，再重复上述操作，量完第二尺段。后尺手拔起地上的测钎，依次前进，直到量完 AB 直线的最后一段为止，如下图。

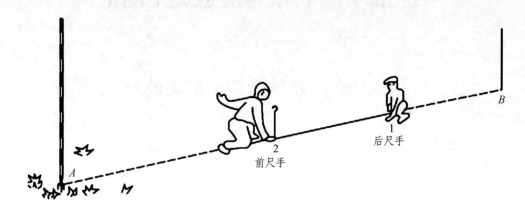

钢尺量距示意图

6. 采用全站仪进行测距，可以不进行定线操作，但仍需要进行多次往返测。

7. 往测结束后，进行返测，并计算相对误差，一般小桥要求量距离的精度达到 1/5 000。

8. 桥梁轴线长度测量一般需要进行多次重复观测，并预估误差，规范要求轴线长度误差达到 $M_L = \pm \dfrac{\Delta_D}{\sqrt{2}} \sqrt{N}$。本桥为 10 mm。

四、注意事项

1. 钢尺量距离时要分清楚钢尺的零端和末端。

2. 钢尺不能在地面上拖着走。

3. 钢尺量距离过程中要注意操作要领，即"直、平、准"。

4. 全站仪操作要精确对中整平，同时在照准棱镜时不能用激光指示照准，而应该用十字丝照准棱镜上的觇标。

5. 认真学习"测量实训须知"。

6. 测量记录表格可以参照下表。

钢尺量距记录计算表

精度要求 $K \leqslant 1/5000$						
日期：		天气：		测量：	记录：	
测线	分段丈量长度/m		总长度/m	平均长度/m	精度	备注
	整尺段（ nl ）	零尺段（ l ）				
往						
返						
往						
返						
往						
返						
往						
返						
往						
返						

五、预习内容

《铁路工程施工测量技术应用》教材。

六、思考题

1. 桥梁施工控制网的特点是什么？
2. 桥梁施工平面控制的方法有哪些？
3. 布设桥梁轴线控制桩的要求是什么？
4. 测设桥梁轴线长度的目的是什么？

实训二　桥梁墩台中心定位

一、目的与要求

1. 理解桥梁工作线、偏距、偏角和示误三角形的概念。
2. 掌握经纬仪或全站仪角度交会法的使用。
3. 掌握交会角的计算方法。
4. 每 3~4 人一组，进行观测、记录、计算和绘图操作。

二、仪器与工具

全站仪 1、棱镜 1、对中架 1、测钎若干、记录板 1、测伞 1。

三、方法与步骤

1. 桥梁测设数据，放样草图如下。

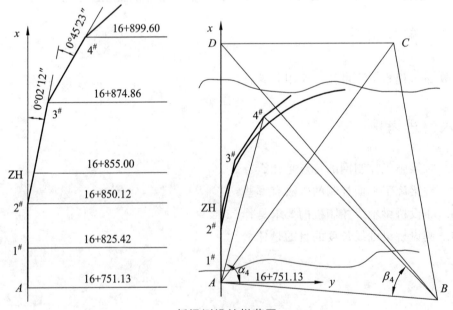

桥梁测设放样草图

桥梁交会定位资料。控制桩 A 点坐标（0，0），B 点坐标（−46.038，266.753），

$\alpha_{AB} = 99°47'31''$。

2. 计算 $1^{\#}$、$2^{\#}$、$3^{\#}$、$4^{\#}$墩的坐标。

3. 计算 $4^{\#}$墩和 $3^{\#}$墩的交会角，直线段桥墩 $1^{\#}$、$2^{\#}$可以采用直接丈量法定位。

4. 以 $4^{\#}$墩为例子说明定位过程，同时在 A 和 B 点桩位上安置全站仪，然后分别后视 A 和 B 点，用正镜拨角进行交会，然后打桩钉小钉。（实训时一般不在水中工作平台上定位，在陆地上测设点位，需要埋设至少 2 个护桩。）

5. 若采用直接丈量定位 $1^{\#}$和 $2^{\#}$墩位，需要多次丈量评定量距精度。

四、注意事项

1. 小组计算测设数据后，需要编制测量方案。

2. 墩台定位测设数据主要包括置镜点、墩台或控制点编号、坐标方位角、边长等。可以采用如下表格。

置镜点	控制点	边　　长	坐标方位角	墩台号	边　　长	坐标方位角
				$0^{\#}$		
	B			$1^{\#}$		
A	C			$2^{\#}$		
	D			$3^{\#}$		
				$4^{\#}$		

3. 每次测设一个墩台中心位置，应及时布设护桩，并编写简要点之记。

4. 拨角定线一般要求进行正倒镜分中操作。

五、预习内容

正倒镜分中法、角度交会法、距离测设等。

六、思考题

1. 桥梁角度交会后是否一定会出现示误三角形？

2. 桥梁墩台中心定位的方法有哪些？

3. 曲线桥墩台中心定位是否一定要采用三角网？

4. 点之记的记录内容一般有哪些？

实训三　跨河水准测量

一、目的与要求

1. 理解跨河水准测量方法的适用场景。
2. 掌握对向观测的程序。
3. 掌握测量数据处理和表格编制方法。
4. 每 4~6 人一组，进行观测、记录、计算和绘图操作。

二、仪器与工具

水准仪 2、水准尺 2、钢尺 2、记录板 2、测伞 1、自制觇板 2。

三、方法与步骤

1. 教师在实训场地布置 b_1 和 b_2 两个水准点，测量草图如下。

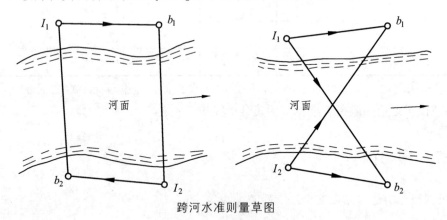

跨河水准则量草图

2. 同时在 I_1 和 I_2 处安置水准仪，要求距离 DI_1b_1 大致与 DI_2b_2 相等。
3. 分别后视 b_1，b_2 上的水准尺，读取后视读数。
4. 瞄准河对岸的水准尺，读取前视读数。
5. 两台水准仪各自计算出上半测回的高差。
6. 然后先观测远处河对岸的水准尺，读取后视读数。
7. 观测本岸的近处水准尺，读取前视读数。

8. 两台水准仪各自计算出下半测回的高差。

9. 上下半测回高差取平均值。

10. 双测回整体取平均值，即所求的 I_1I_2 两点的高差值。

四、注意事项

1. 教师给定的水准点距离应大于 150 m。

2. 各个小组至少进行一个双测回的操作。

3. 各个小组可以自制下图所示觇板。

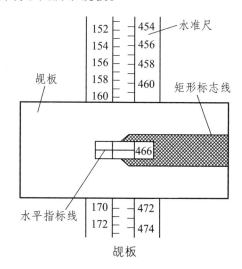

4. 仪器必须精确整平。

五、预习内容

水准测量原理、仪器视准轴误差、大气折光等。

六、思考题

1. 进行特殊的跨河水准观测程序的目的是什么？

2. 跨河就一定要进行对向水准观测吗？

3. 对向观测的一测回工作内容有哪些？

实训四　进洞测量

一、目的与要求

1. 理解极坐标法测设点位的方法。
2. 掌握全站仪放样的基本操作。
3. 掌握进洞断面的标识和进洞投点的测设方法。
4. 每 3 ~ 4 人一组，观测、记录计算和绘图操作。

二、仪器与工具

全站仪 1、花杆 1、棱镜 1、测钎若干、记录板 1、测伞 1。

三、方法与步骤

1. 教师在实训场地布置 A、B、C、D 四个已知的洞外平面控制点，其中 A 和 B 点在直线隧道的中线上，测量草图如下。

隧道进洞测量草图

2. 导线点坐标值 $A(0, 0)$、$B(238.820, -42.376)$、$C(1730.018, 0)$、$D(1876.596, 0.007)$。要求在 A 和 C 点安置测角仪器，然后进行进洞引测，测设出投点 P_1 和 P_2，并在山体上放样进口开挖断面。

3. 学生小组计算测设数据，坐标反算出投测角 α 和 β。

4. 学生小组绘制放样草图，编写测量方案。

5. 外业测量时，学生小组首先在 A 点安置全站仪。

6. 后视点 B，盘左配数置零，拨 α 角度，在仪器视线方向上用测钎标定出两点。

7. 盘右照准 B 点，拨 α 角度，在仪器视线方向上用测钎标定出两点。

8. 取两方向的角度平分线，即为投测的进洞方向，在山体上标定出 P 点，并在去除了表层覆盖的山体上标定出开挖断面。

9. 同理，可以在 B 点置镜，测设右侧的进洞投点。

四、注意事项

1. 进洞方向的标定，需要做护桩，最好在线路中线上做 2 个以上直线护桩。

2. 拨角放线需要用正倒镜分中法。

3. 各个小组可以进行人员的轮换操作，以使每个学生对各项操作都能练习。

4. 仪器必须精确整平，操作时必须先进行预习。

五、预习内容

正倒镜分中法测设已知水平角、坐标反算等。

六、思考题

1. 进洞测量的主要工作有哪些？

2. 地铁隧道进洞和山岭隧道进洞方法的区别是什么？

3. 隧道洞外控制测量的目的是什么？

实训五　隧道洞内延伸测量

一、目的与要求

1. 理解导线法测设洞内平面控制桩的方法。
2. 理解双导线环、主副导线法测量的内容和方法。
3. 掌握导线坐标的计算方法。
4. 每 3~4 人一组，进行观测、记录、计算和绘图操作。

二、仪器与工具

全站仪 1、钢尺 1、花杆 1、棱镜 1、测钎若干、记录板 1。

三、方法与步骤

1. 教师在实训场地布置 2、3、4 和 3′、4′ 和 5′ 共计 6 个已知的洞内平面控制点，可以假设此 6 个已知平面控制点为洞内的平面边桩控制点，要求根据 4 号桩测设 5 号桩位置并计算其坐标，主副导线测量草图如下。

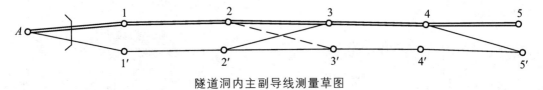

隧道洞内主副导线测量草图

2. 假设导线点坐标值 4（500，500），5′（520，480），假定 34 边的坐标方位角为 90°。

3. 学生小组首先在 1234 导线方向上距离 4 号桩约 20 m 处用木桩标定 5 号桩的位置。

4. 学生小组绘制放样草图，编写测量方案。

5. 外业测量时，学生小组首先用测回法测量 2、3、4 和 3′、4′ 和 5′ 处多边形的内角。

6. 然后对多边形内角进行平差改正，观测角之和减去多边形内角和即为角度闭合差，然后按照反符号平均分配的方法计算改正数。

7. 学生小组测量 4 点处延伸内角。

8. 用全站仪或者钢尺丈量 45 桩点之间的距离，并计算相对误差值。

9. 对 4 号点处的两个角度进行相加。

10. 计算 43 边的坐标方位角。

11. 用导线法计算主导线 5 号桩的坐标值。

12. 根据计算出的 5 号桩坐标和 5′号桩的坐标，反算出 5 和 5′点的距离值。

13. 实地丈量 55′的距离。

14. 计算 5 导线点坐标误差值，判断是否超限，及时改正。

四 、注意事项

1. 副导线只提供角度闭合条件。

2. 洞内导线点布设应符合规范要求，布设在不易被施工影响的位置。

3. 角度测量需要严格按照测回法进行，不能只测半个测回。

4. 仪器必须精确整平，操作时必须先进行预习。

五 、预习内容

坐标正算、角度闭合差改正等。

六 、思考题

1. 洞内延伸导线控制测量的布置形式有哪些？

2. 洞内导线的作用是什么？

3. 洞内开挖断面中心点如何投测？

第四部分　建筑施工测量

实训一　建筑物主轴线放样

一、目的与要求

1. 掌握建筑物主轴线测设方案的制订。
2. 练习在没有建筑红线的处所测设建筑物主轴线的方法。
3. 了解建筑物主轴线测设与建筑物基线测设的区别和联系。

二、仪器与工具

DJ6 经纬仪 1、30 m 钢卷尺 1、三脚架 1、记录板 1、测伞 1。

三、方法与步骤

1. 选择 200 m × 100 m 左右的空旷场地作为实训场地。

2. 根据建筑物一条主轴线点的设计坐标和附近已有的控制点的关系，如下图所示，按极坐标法进行测设。

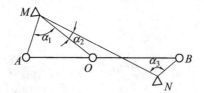

根据测量控制点测设建筑主轴线图

3. 根据已知控制点 M、N 和一条主轴线上点坐标 A、O、B，计算测设点 A、O、B 所需的数据 α_1、α_2、α_3，以及线段 MA、MO、NB 的长度。

4. 利用经纬仪和钢卷尺，通过极坐标法测设点 A、O、B。

5. 检查 A、O、B 三点测设的精度。由于点的测设存在误差，测设得到的一条主轴线上的 3 个基点可能不在同一条直线上（如图 4.2 所示的 A'、O'、B'），所以，在 O' 点安置经纬仪，精确测出 $\angle A'O'B'$ 的大小。

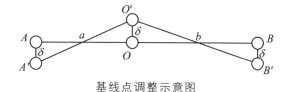

基线点调整示意图

6. 主轴线基点位置调整，调整值

$$\delta = \frac{ab}{a+b}\left(90° - \frac{\angle A'O'B'}{2}\right)\frac{1}{\rho} \quad (\text{m})$$

其中：a、b 是 AO、OB 的长度，$\rho = 206\ 265''$。

如果 $\angle A'O'B' > 180°$，则 $\delta > 0$，O' 应向下移动，A'、B' 应向上移动，否则，点位调整的方向与之相反，直至误差允许的范围之内，如下表所示。

主轴线测设精度要求

规范名称	等级	边长/m	测角中误差/(″)	边长相对中误差
《工程测量规范》（GB 50026—2007）	一级	100～300	±5	1/30 000
《建筑施工测量技术规程》（DB11/T 446—2007）	二级	100～300	±5	1/40 000
	二级	100～300	±10	1/20 000

7. 距离调整，角度调整完成之后，还应该调整 A、O、B 三点之间的距离，若不满足上表的要求，则以 O 点为基准，按设计长度调整 A、B 两点的位置。

8. 确定 A、O、B 点之后，在 O 点安置经纬仪，瞄准 A 点，分别向左、右测设 90°，并根据主轴线基点间的距离，实地测设出另一条主轴线基点 C'、D' 点，如下图所示。

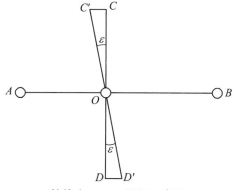

基线点 C、D 测设示意图

9. 检查主轴线 O 与已测设出的另一条主轴线 AOB 是否垂直，在 O 点安置经纬仪，利用方向法观测 $\angle AOC'$、$\angle AOD'$，并计算其与 $90°$ 的差值ε_1、ε_2，如角度差值不满足上表要求，计算方向改正数 $l = L \times \dfrac{\varepsilon}{\rho}$，其中，$L$ 为主轴线基点间距。

10. 反复调整，直至满足要求。

四、注意事项

1. 实习进行之前，首先应理解建筑物主轴线测设的各种方法及其适用条件，然后在掌握没有建筑红线的前提下，测设建筑物主轴线的原理后，再进行实训。

2. 在建筑物主轴线测设过程中，要时刻注意主轴线测设精度的检查，并及时进行调整，主要包括建筑物主轴线各基点间的角度关系、距离关系等。

实训二 建筑物方格网放样

一、目的与要求

1. 掌握建筑物方案网放样方案的制订。
2. 练习建筑物方格网放样的方法。
3. 练习建筑物方格网点放样精度的检查方法。

二、仪器与工具

DJ6 经纬仪 1、30 m 钢卷尺 1、三脚架 1、记录板 1、测伞 1。

三、方法与步骤

1. 设计方格网各中间点位置（网形设计）。

根据所在区域主轴线角点设计坐标和编号，各小组按实地地形条件和图上标注的设计轴线间距，计算格网直线方向上中间点的设计坐标，并编制格网点设计坐标表。各边点数和边长应对称，点号统一采用区域附图角点编号的间隔预留编号。

2. 方格网精度设计。

根据精度要求，以及小组所在区域的格网图形边长参数，用优化设计方法计算格网点间方位角中误差 M_α，再计算并判断 $2\sqrt{M_{\alpha 1}^2 + M_{\alpha 2}^2} \leqslant 5''$ 是否成立；或者使用相对点位误差值反算引起的直线度和正角度限差大小。如果初始方案精度要求不能满足要求，则需对初始方案精度进行调整，直至满足要求为止。

3. 初始放样。

各小组根据第一步计算得到的方格网全部点（含各角点）的设计坐标表，在对应的实地位置先行确定主轴线点位，并以此为依据放样 4 个角点位置，再依据 4 个角点放样各中间点位。

实地初始放样点位采用"十字"标志，并在实地标注点号（各小组点号在统一区域点号前加注特殊小组标记），外加标志框。

4. 观测。

放样完成后，按第 2 步方案设计的测角、测距精度要求，观测全部方格网点的水平角和边长。

5. 平差及归化值计算。

使用平差软件对方格网进行严密平差计算，求得方格网点严密平差后坐标，与第1步的设计坐标比较，求取各点归化值ΔX、ΔY，并编制归化数据表。

6. 实地归化。

根据求得的ΔX、ΔY归化值和归化方向（ + , - ），对实地各方格网标记点进行归化，并在实地标志归化后用"圆点"表示归化后点位。

7.直线度和正交度检测。

对归化后的方格网"圆点"标志点进行检测。检测时按第2步设计方案相同的精度要求观测格网点各水平角，取平均值与设计角比较，其差值应小于：直线上各点中间水平角为$180° \pm 5''$，正交（非正交点、非直线点按反算水平角）位置水平角为设计值$\pm 5''$。最终编制检测差值数据表。

如不合格，应重复4 ~ 5步骤，直至满足要求为止。

四、注意事项

1. 初始放样时，第一点位置和第一方向确定要尽可能准确，使用卷尺等工具使主轴线与路中心线或边缘参照地物等距平行，否则可能造成格网点偏离路面位置而不能做标志。

2. 外业观测过程中不建议使用三联脚架法，否则容易造成直线度检测不合格。观测测回数按方格网设计精度要求，对照相应规范等级要求执行。

3. 同一区域各小组除角点设计坐标可以相同外，实地角点、各中间点位不建议重合，以免造成进度上的麻烦。

实训三　建筑物定位放样

一、目的与要求

1. 根据已知的图纸资料，能够掌握建筑物定位放样方案的制订。
2. 练习建筑物定位放样的方法。
3. 练习建筑物定位放样精度的检查方法。

二、仪器与工具

DJ$_6$经纬仪 1，30 m 钢卷尺 1，三脚架 1，标杆 1，测钎 1，木桩、小钉子若干，记录板 1，测伞 1。

三、方法与步骤

1. 根据已知的图纸资料，如下图所示，制订测设方案。

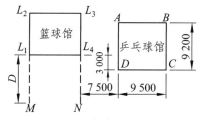

乒乓球馆定位放样图纸

其中，篮球馆为已有建筑物，乒乓球馆为拟建建筑物。

2. 根据图纸，计算测设过程中需要用到的相关数据。

3. 绘制测设简图。

4. 用钢卷尺沿 L_2—L_1、L_3—L_4墙延长一段距离 D，得到 M、N 两点，做出标志。

5. 在点 M 处架设经纬仪，瞄准点 N 进行定线，沿 MN 方向，从 N 点继续量取 7.5 m 得到 P 点，再沿 P 点继续量取 9.5 m 得到 Q 点，则 PQ 线就是测设拟建乒乓球馆的基线。

6. 分别在 P、Q 点架设经纬仪，瞄准 M 点，再逆时针旋转 90°，量取 D – 3 m 的长度，即得到 D、C 两点。

7. 分别沿着 PD、QC 方向继续量取 9.2 m，即得到 A、B 点，则 A、B、C、D 四点即为拟建乒乓球馆外轮廓线的定位点。

8. 检查距离和角度是否满足设计要求，误差应在允许的范围之内。

四、注意事项

1. 根据图纸资料，计算 L_2—L_1、L_3—L_4 墙延长的合适距离 D，距离 D 不能太小导致点 M 处经纬仪架设不便，也不能太大导致测设工作量增加、误差增大。

2. 在检查测设精度时，注意检测拟建乒乓球馆 AB 边的长度是否为设计长度 9.5 m。

3. 注意检测 $\angle A$、$\angle B$ 是否为设计角度 90°。

实训四　高程控制网布设及±0标高测设

一、目的与要求

1. 掌握高程控制网布设方案的制订。
2. 掌握高程控制网布设方法。
3. 掌握±0标高测设方法。

二、仪器及工具

DS$_6$水准仪仪1、双面尺1、三脚架1、尺垫2、记录板1、测伞1。

三、实验步骤

（一）高程控制网布设

1. 选择场地内的水准基点，对其复测检查，确保场区内提供的水准基点的准确性。

2. 场区内的水准基点检测合格以后，设计一条附合或闭合水准路线，联测场区内的平面控制点。

3. 在场区内已提供的水准基点之间，埋设半永久性高程点，设计附合或闭合水准路线，与已知水准基点联测，得到半永久性点的高程，水准基点与半永久性高程点共同构成该场区的高程控制网。

（二）±0标高测设

测设任务：已知拟建建筑物处高程为H_B，测设±0标高。

1. 在建筑场地选择一水准基点A，已知其高程H_A。

2. 在水准基点A与拟建建筑物之间架设水准仪，并在A点立水准尺，得到A点水准尺读数为a。

3. 在拟建建筑物附近稳定的构筑物侧面竖立水准尺，在竖直方向，上下移动水准尺，当水准尺读数为$b = H_A + a - H_B$，则水准尺底端对应的位置即为±0标高。

4. 在稳定构筑物侧面，用红油漆涂成上顶为水平线的"▽"，旁边标注其标高值±0。

四、注意事项

1. 高程控制网布设时，水准基点至少选择 3 个，水准点的间距应小于 1000 m，距离建筑物应大于 25 m，距离回土边线应不小于 15 m。

2. 高程控制网布设采用三等水准测量的精度。

第五部分　综合实训

实训一　线路纵横断面测绘及土石方计算

一、目的与要求

1. 掌握线路中线里程的确定方法。
2. 掌握纵横断面的观测方法、数据记录及计算方法。
3. 掌握纵横断面图的绘制。
4. 掌握根据线路纵横断面图进行线路设计及计算土石方量的方法。

二、仪器与工具

水准仪 1、水准尺 1 对、经纬仪 1、记录板 1、工具袋 1、测伞 1、自备铅笔、计算器、草稿纸。（或者利用全站仪代替水准仪和经纬仪）

三、实训项目

某单线 Ⅱ 级中型铁路，设计时速 120 km/h，已知线路中线控制桩 A、B（A 点里程为 DK0 + 000），A 点的高程为 87.0 m，需要计算线路 A、B 之间的路基土石方量。A、B 两点相距 500 m，每 30 m 处钉一中桩，并在坡度及方向变化处钉加桩，在木桩侧面标注桩号，起点桩桩号为 0 + 000，如下图所示。请根据实地情况，以小组为单位，完成以下任务：

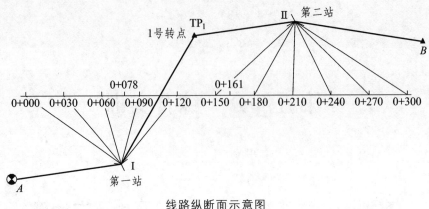

线路纵断面示意图

1. 制订测量方案。
2. 设计并绘制路基纵断面图。
3. 设计并绘制路基横断面图。
4. 计算土石方量。

四、方法与步骤

1. 纵断面测量。

（1）以 A 为已知点，采用往返水准路线进行观测，测量终点 B 的高程，平差结果作为纵断面测量的依据。

（2）水准仪安置在起点桩与第一转点间适当位置作为第一站（Ⅰ），瞄准（后视）立在附近水准点 A 上的水准尺，读取后视读数 a(读至毫米)，填入记录表格，计算第一站视线高 H_I （ $= H_A + a$）。

（3）统筹兼顾整个测量过程，选择前视方向上的第一个转点 TP_1，瞄准（前视）立在转点 TP_1 上的水准尺，读取前视读数 b(读至毫米)，填入记录表格，计算转点 TP_1 的高程（ $H_{TP1} = H_I - b$）。

（4）再依次瞄准（中视）本站所能测到的立在各中桩及加桩上的水准尺，读取中视读数 S_i(读至厘米)，填入记录表格，利用视线高计算中桩及加桩的高程（$H_i = H_I - S_i$）。

（5）仪器搬至第二站（Ⅱ），选择第二站前视方向上的 2 号转点 TP_2。仪器安置好后，瞄准（后视）TP_1 上的水准尺，读数、记录、计算第二站视线高 $H_{Ⅱ}$；观测前视 TP_2 上的水准尺，读数、记录并计算 2 号转点 TP_2 的高程 H_{TP2}。同法继续进行观测，直至线路终点 B。

（6）为了进行检核，可由线路终点返测至已知水准点，此时不需观测各中间点。

2. 横断面测量。

每人选一里程桩进行横断面水准测量。在里程桩上，用方向架确定线路的垂直方向，在中线左右两侧各测 20 m，中桩至左、右侧各坡度变化点距离用皮尺丈量，读至分米；高差用水准仪测定，读至厘米，并将数据填入横断面测量记录表中。

3. 纵断面图绘制。

（1）根据所测外业数据，进行线路纵断面图地面线的绘制；

（2）根据《铁路线路设计规范》（线路坡段长度、最大坡度、相邻坡度差等相关规定），进行线路纵断面图设计线的绘制。

4. 横断面图绘制。

（1）根据所测外业数据，进行线路横断面图地面线的绘制。

（2）根据《铁路路基设计规范》（TB 10001—2016），进行线路路基横断面图的设计及绘制。

（示例：路基顶面宽度为 3.8 m，边坡坡度采用 1∶1.5。）

5. 计算土石方量。

根据设计的纵横断面图，计算土石方量。填方为"＋"，挖方为"－"。

也可利用全站仪采集数据，根据相关软件进行设计、绘制和计算。

中平测量记录表和横断面测量记当表如下：

中平测量记录表

日　期：_____　　测量者：_____　　记录者：_____

测点	读数/m			仪器高程/m	高程/m	备注
	后视读数	中视读数	前视读数			
						$f_h =$
						$F_h =$
Σ						

横断面测量记录表

日期：＿＿＿＿＿＿　　测量者：＿＿＿＿＿＿　　记录者：＿＿＿＿＿＿

左					后视读数	右				
前视读数/平距（m）					桩号	前视读数/平距（m）				

五、注意事项

1. 中视因无检核，所以读数与计算时要认真仔细，互相核准，防止出错。

2. 高差闭合差的限差为 $\pm 30\sqrt{L}$ (mm)，L 为水准路线长度，超限应重测。

3. 横断面水准测量与横断面绘制，应注意分清左、右，切勿弄错，最好在现场，边测边绘。

4. 实验结束后，应上交记录表、纵横断面水准测量记录表、线路纵横断面图和土方量计算结果。

实训二 铁路曲线放样

一、目的与要求

1. 掌握铁路曲线中桩坐标的计算方法。
2. 掌握用全站仪坐标法放样铁路曲线中桩位置的方法。
3. 掌握检核放样偏差的方法。

二、仪器与工具

全站仪 1、全站仪配套棱镜 2、放样小棱镜 1、三脚架 3、记录板 1，自备铅笔、计算器、草稿纸。

三、实训项目

已知某铁路段的数据如下表，请完成以下任务：

交点号	坐标 N	坐标 E	偏角(° ′ ″) 左偏为负、右偏为正	曲线 半径/m	缓和曲 线/m	起点里程
JD_0	2533279.2251	495682.9695				DK497＋600.000
JD_1	2533134.4343	493688.2175	−21°22′13.7555″	8 000	350	
JD_2	2532272.7168	491883.3787				

本场地已知控制点坐标：

点名	坐标 N	坐标 E
1	253326.1784	495054.0659
1-1	2533223.1865	495000.0125

1. 制订计算及放样方案。
2. 计算缓和曲线常数、曲线要素、主点里程及坐标。
3. 计算 A 点（里程 DK498＋230）～B 点（里程 DK498＋280）之间的 10 m 桩中桩（$A,1,2,3,4,B$ 共 6 个点）坐标。

4. 用全站仪坐标法放样出 A 点~B 点之间的曲线，并检验放样精度。

四、方法与步骤

根据已知测站点、定向点和检核点（见下图），使用全站仪放样功能进行指定中桩点放样。放样完成后，须在测站点重新安置仪器，后视检核点，实测放样点位坐标与理论坐标进行比较。

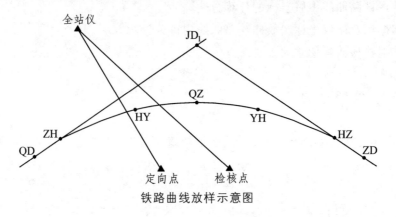

铁路曲线放样示意图

1. 计算数据：

缓和曲线常数：缓和曲线切线角 β、切垂距 m、内移距 P；

曲线要素：切线长 T、曲线长 L、外矢距 E_0、切曲差 Q；

曲线主点里程和坐标：直缓点 ZH、缓圆点 HY、曲中点 QZ、圆缓点 YH、缓直点 HZ。

计算 A 点（里程 DK498＋230）~B 点（里程 DK498＋280）之间的 10 m 桩中桩（$A,1,2,3,4,B$ 共 6 个点）坐标。

2. 计算完成后开始放样。在测站点安置全站仪，在定向点安置棱镜，后视定向点设站。

3. 进入全站仪点放样程序，输入曲线待放样点的计算坐标，进行实地放样，并在地面做好画点标记。

4. 放样完成后，须在测站点重新安置仪器，后视定向点设站，实测放样点位坐标与计算坐标进行比较。

五、注意事项

1. 因定向时无检核点，所以安置仪器和棱镜时一定要准确对中整平，防止误差较大。

2. 计算时应准确计算数据，并有专人验算，防止计算错误。

3. 放样误差不能超过 5 cm，否则应重测。

4. 实验结束后，上交成果（下表），每人上交一份。

工程施工放样成果表

班级：_____ 组别：_____ 姓名：_____ 学号：_____

缓和曲线常数	缓和曲线切线角 β	
	切垂距 m	
	内移距 P	
曲线要素	切线长 T	
	曲线长 L	
	外矢距 E_0	
	切曲差 Q	

	特征点	里程	北坐标 X	东坐标 Y
曲线主点	直缓点 ZH			
	缓圆点 HY			
	曲中点 QZ			
	圆缓点 YH			
	缓直点 HZ			

指定点号	指定点里程	北坐标 X	东坐标 Y
A			
1			
2			
3			
4			
B			

放样点位实测坐标与计算坐标较差成果表

放样点名	计算坐标		实测坐标		较差/mm		
	X	Y	X	Y	Δx	Δy	Δd

实训三　CPⅢ控制网测量

一、目的与要求

1. 掌握 CPⅢ控制网高程测量的测量方法。
2. 掌握 CPⅢ控制网高程测量的数据计算及处理。

二、仪器与工具

电子水准仪 1 及配套的脚架 1、2 m 数码标尺 1、撑杆 2，50 m 测绳 1、计算器 1。

三、实训项目

1.实训题目。

根据 1 个已知 CPⅢ点的高程（右上角点高程 87.6634 m），按照 CPⅢ控制网高程测量的规范要求，完成两个 4 边形中其他 5 个 CPⅢ点的高程测量。

（1）按下图所示线路单程奇偶站交替进行二等水准测量和记录工作。

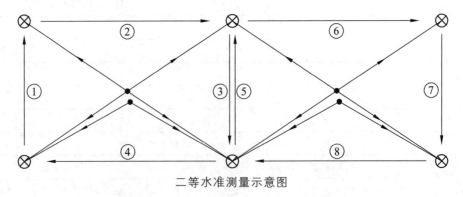

二等水准测量示意图

（2）平差方式：按线路①→②→⑥→⑦→⑧→④闭合平差，③和⑤往返作检核，两者较差≤1 mm。

2. 实训技术要求。

（1）线路采用二等水准等级观测，观测使用精度达到规范要求的仪器设备，测站视线长度、前后视距差及其累计、视线高度和数字水准仪重复测量次数应满足下表规定［国家标准《国家一、二等水准测量规范》（GB/T 12897—2006）］。

视线长度 /m	前后视距差/m	前后视距累积差/m	视线高度 /m	两次读数所得高差之差/mm	数字水准仪重复测量次数	测段、环线闭合差/mm
≥3 且 ≤ 50	≤1.5	≤6.0	≤2.8 且 ≥ 0.55	≤0.6	≥2 次	$\leqslant 4\sqrt{L}$

注：L 为线路总长，单位是 km。

（2）按照规定，可以不使用撑杆，也可以使用。

（3）脚架可任意架设，尽可能使其中脚架的两只脚与水准路线的方向平行，第三只脚轮换置于前进方向的左侧或者右侧。

（4）手簿记录一律使用铅笔填写，记录完整，记录的数字与文字力求清晰、整洁，不得潦草；按测量顺序记录，不空栏；不空页、撕页；不得转抄成果；不得涂改、就字改字；不得连环涂改；不得用橡皮擦、刀片刮。

（5）路线采用单程观测，每站测两次高差，奇数站观测水准尺的顺序为：后一前一前一后；偶数站观测水准尺的顺序为：前一后一后一前。

（6）同一标尺两次读数不设限差，两次读数所测高差之差应满足规定。

（7）测量的任何原始记录不得擦去或涂改，错误的成果与文字应用单线正规划去，在其上方写上正确的数字与文字，并在备注栏注"测错"或者"记错"。

（8）错误成果应当正规划去，超限重测的应在备注栏注明"超限"。

3. 提交成果。

实训结束后，提交 CPⅢ水准测量记录手簿、高程误差配赋表，其示例如下：

CPⅢ水准测量记录手簿示例

参赛队编号：_____　　　场地编号：_____　　　总用时：_____分_____秒

测站	视准点	视距读数		标尺读数		读数差/mm	高差中数/m	累积高差/m	备注
	后视	后距1	后距2	后尺读数1	后尺读数2				
	前视	前距1	前距2	前尺读数1	前尺读数2				
		视距差/m	累积差/m	高差/m	高差/m				

高程误差配赋表（参考）

队号：_____　　场地编号：_____　　总用时：_____分_____秒

已知 CPⅢ302 高程：

点名	测站编号	距离/m	观测高差/m	改正数/m	改正后高差/m	高程/m

注：距离取位到 0.001 m，高差、改正数和改正后高差取位到 0.000 01 m，高程取位到 0.0001 m，闭合差和允许闭合差取位到 0.01 mm。

实训四　地铁隧道施工沉降监测

一、目的与要求

1. 熟悉地铁隧道施工沉降监测的工作内容。
2. 掌握地铁隧道沉降监测的工作方法。
3. 掌握高程的精密测量方法。
4. 每 3～4 人一组，进行观测、记录、计算和绘图操作。

二、仪器与工具

精密水准仪 1、精密水准尺 1、收敛计 1、记录板 1。

三、方法与步骤

1. 地表沉降监测

学生提交实训成果示例。学生可以参考下表制作自己的图表。

××标 GDK39＋800 竖井周边地表断面 GDK39＋740 沉降观测成果表

<table>
<tr><td colspan="2">名称
日期</td><td>测点编号</td><td>GDK39＋
740-1</td><td>GDK39＋
740-2</td><td>GDK39＋
740-3</td><td>GDK39＋
740-4</td><td>GDK39＋
740-5</td><td>GDK39＋
740-6</td><td>GDK39＋
740-7</td><td>GDK39＋
740-8</td><td>备注</td></tr>
<tr><td colspan="2" rowspan="2"></td><td>布点日期</td><td>2011/11/17</td><td>2011/11/17</td><td>2011/11/17</td><td>2011/11/17</td><td>2011/11/17</td><td>2011/11/17</td><td>2011/11/17</td><td>2011/11/17</td><td></td></tr>
<tr><td>初始值/m</td><td>－1.03260</td><td>－1.17590</td><td>－1.48450</td><td>－1.33130</td><td>－1.24300</td><td>－1.41590</td><td>－0.98410</td><td>－0.99130</td><td></td></tr>
<tr><td rowspan="3">2011-
11-18</td><td></td><td>本次高程
/m</td><td>－1.03260</td><td>－1.17590</td><td>－1.48450</td><td>－1.33130</td><td>－1.24300</td><td>－1.41590</td><td>－0.98410</td><td>－0.99130</td><td></td></tr>
<tr><td></td><td>本次变化
/mm</td><td>0.00</td><td>0.00</td><td>0.00</td><td>0.00</td><td>0.00</td><td>0.00</td><td>0.00</td><td>0.00</td><td></td></tr>
<tr><td></td><td>累计变化
/mm</td><td>0.00</td><td>0.00</td><td>0.00</td><td>0.00</td><td>0.00</td><td>0.00</td><td>0.00</td><td>0.00</td><td></td></tr>
<tr><td rowspan="3">2011-
11-19</td><td></td><td>本次高程
/m</td><td>－1.033 20</td><td>－1.175 10</td><td>－1.486 00</td><td>－1.332 20</td><td>－1.243 60</td><td>－1.416 70</td><td>－0.984 60</td><td>－0.991 90</td><td></td></tr>
<tr><td></td><td>本次变化
/mm</td><td>－0.60</td><td>0.80</td><td>－1.50</td><td>－0.90</td><td>－0.60</td><td>－0.80</td><td>－0.50</td><td>－0.60</td><td></td></tr>
<tr><td></td><td>累计变化
/mm</td><td>－0.60</td><td>0.80</td><td>－1.50</td><td>－0.90</td><td>－0.60</td><td>－0.80</td><td>－0.50</td><td>－0.60</td><td></td></tr>
<tr><td colspan="3">本月变化/mm</td><td></td><td></td><td></td><td></td><td></td><td></td><td></td><td></td><td></td></tr>
<tr><td colspan="3">变化速率/(mm/d)</td><td></td><td></td><td></td><td></td><td></td><td></td><td></td><td></td><td></td></tr>
<tr><td colspan="13">备注：高程值单位为：m，变化量单位为：mm，"－"表示下沉。</td></tr>
</table>

制表：　　　　　　　　　　　　　　　　　　　　　　　　审核：

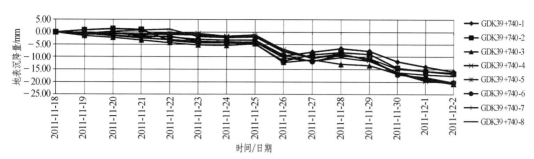

××标 GDK39+800 竖井周边地表断面 GDK39+740 沉降观测成果表——时间变化曲线图

（1）在空旷区域，教师指定一个路线的横断面方向，要求学生小组在此直线断面上布设 6~8 个地表断面监测水准点，点间距为 3 m 左右。地表断面控制点布设方法如下图。

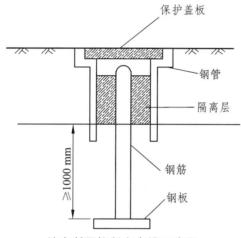

地表断面控制点布设示意图

（2）然后学生根据已知水准点对监测点进行高程观测，地表沉降的监测时间间隔由指导教师指定，可以人为地模拟一些沉降量，使学生熟悉监测流程。

（3）学生小组用 Office 软件整理监测数据资料，然后绘制监测曲线图。

2. 竖井周边建筑物沉降监测。

学生提交实训成果示例。学生可以参考下表制作自己的图表。

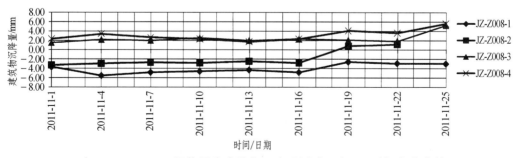

××标 GDK39+800 竖井周边建筑物沉降观测成果表——时间变化曲线图

××标 DK39＋800 竖井周边建筑物沉降监测成果表

日期＼名称	测点编号	JZ-Z008-1	JZ-Z008-2	JZ-Z008-3	JZ-Z008-4	备注
	布点日期	2011/7/4	2011/7/4	2011/7/4	2011/7/4	1 次/3d
	初始值/m	17.501 50	17.494 70	17.547 70	17.565 20	
2011-11-1	本次高程/m	17.497 82	17.497 40	17.549 30	17.567 60	
	本次变化/mm	0.02	－ 0.30	－ 0.20	0.10	
	累 计 变 化/mm	－ 3.68	－ 3.30	1.60	2.40	
2011-11-4	本次高程/m	17.496 02	17.491 80	17.550 00	17.568 70	
	本次变化/mm	－ 1.80	0.40	0.70	1.10	
	累 计 变 化/mm	－ 5.48	－ 2.90	2.30	3.50	
2011-11-8	本次高程/m					
	本次变化/mm					
	累 计 变 化/mm					
本周变化/mm						
变 化 速 率/(mm/d)						
备注：高程值单位为：m，变化量值单位为：mm，"－"表示下沉。						

制表：   审核：

（1）教师给各个小组指定楼房的沉降监测点，要求学生小组每隔一段时间进行精密水准观测。地表断面控制点布设方法如下图。

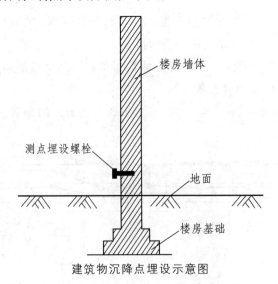

建筑物沉降点埋设示意图

（2）学生小组用 Office 软件整理监测数据资料，然后绘制监测曲线图。

3. 隧道洞顶沉降、净空收敛和地表沉降监测。

（1）隧道洞内监测点布置如下图，可以根据校内铁英隧道工区的隧道断面进行实训，教师指定各个实训小组的监测断面位置。全断面法开挖测点布置如下图。

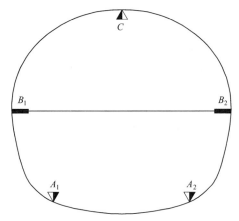

隧道洞内监测点布置示意图

（2）各小组按照要求标定自己的测点位置。

（3）每隔一段时间进行精密水准测量，洞顶的沉降采用倒尺水准测量即可。

（4）各个小组整理资料，编制相关图表。

四、注意事项

1. 沉降监测必须采用精密水准测量方法。

2. 模拟实训可以指定若干沉降量，让学生熟悉监测过程和数据处理方法。

3. 仪器必须精确整平，操作时必须先进行预习。

五、预习内容

隧道施工监测相关教材知识。

六、思考题

1. 隧道施工监测的内容有哪些？

2. 洞内净空收敛的监测方式有哪些？与施工方法有何相关？

3. 地表断面和隧道洞内监测点埋设的要求有哪些？

实训五　民用建筑施工测量

一、目的与要求

实训是建筑工程测量课程教学的一个重要环节，其目的是通过本次系统化的技能训练，培养学生以下的能力和素质：

1. 能根据测区具体情况布设、施测和计算简单的附合（或闭合）导线。

2. 能根据测区具体情况布设、施测和计算简单的附合（或闭合）水准路线。

3. 能根据建筑施工图纸利用电子全站仪进行建筑物的定位。

4. 能利用水准仪进行建筑物的抄平。

5. 能利用激光垂准仪进行建筑物的轴线投测和使用电子全站仪进行轴线垂直度检查。

6. 培养学生独立分析问题解决问题的能力。

7. 培养学生严肃认真、实事求是、一丝不苟的实践科学态度。

8. 培养吃苦耐劳、爱护仪器工具、互相协作的职业道德。

二、仪器与工具

电子全站仪 1（主机 1、三脚架 1、棱镜 1、镜杆 1），经纬仪 1，水准仪 1，水准尺 1（两根），木桩若干，小钢钉若干，锤头 1，照准支架 2。

三、实训项目

测区概况：待测的建筑物在学院学生 1#宿舍楼的南面空旷区域，附近有两个控制点，其施工图、坐标和高程见下。

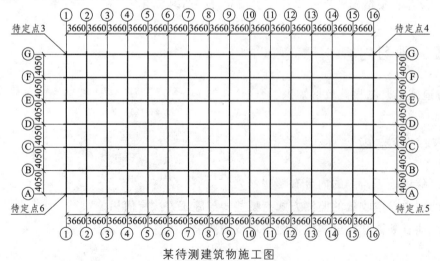

某待测建筑物施工图

某待测建筑物坐标和高程数据表

序号	X 坐标/mm	Y 坐标/mm	H 高程/m	备注
1	64 653.089	45 032.111	155.632	控制点
2	52 266.640	45 032.111	163.258	控制点
3	69 952.232	45 632.111	160.000	待定点（±0.000）
4	69 952.232	100 532.111	160.000	待定点（±0.000）
5	45 652.232	100 532.111	160.000	待定点（±0.000）
6	45 652.232	45 632.111	160.000	待定点（±0.000）

注：此施工图和坐标成果表均为示意数据，实训数据以施工图为准。

1. 建立平面控制。

根据建筑物定位的需要和已知控制点分布情况，布设一条附合（或闭合）导线，并进行外业选点、测量和计算出导线点的坐标。

2. 建立高程控制。

根据建筑物抄平的需要和已知控制点的分布情况，布设一条附合（或闭合）水准路线，并进行外业选点、测量和计算出水准点的高程。

3. 建筑物定位。

根据设计图纸，把建筑物轴线点在地面上标定出来。

4. 建筑物抄平。

根据建筑物的设计高程，标出建筑物部分点的高程。

5. 定位放线检查。

两小组之间对控制测量的数据、建筑物定位和抄平的定位桩进行检查，并填写检查表格。

6. 建筑物轴线投测和轴线垂直度检查。

使用激光垂准仪将建筑物的轴线从一层投测到三层以上；使用全站仪对建筑物的垂直度进行检查。

四、技术要求

1. 平面控制测量。

每组根据图纸和已知控制点分布，对测区进行踏勘，并布设一条闭合（或附合）导线以便于建筑物的定位。

（1）自选导线点个数不少于 5 个。

（2）导线点选在宜于保存和便于观测的地方，并做好标记。

（3）角度使用 DJ$_6$ 光学经纬仪测量一测回，上下半测回不超过 ±40″。

（4）边长使用全站仪测量一测回，测两次读数，读数差不超过 ±5 mm。

（5）计算导线精度要求：角度闭合差不超过 ±$\sqrt{40n}$(″)（n 为测角个数），全长闭合差不超过 1/3 000。

2. 高程控制测量

每组根据图纸和已知控制点分布，布设一条闭合（或附合）水准路线，以便于建筑物的抄平。

（1）自选水准点个数不少于 3 个，可用导线点作为水准点。

（2）测量使用 DS$_3$ 自动安平水准仪按四等水准测量的要求进行，具体要求如下：

① 每段测偶数站；

② 视距差 $d \leqslant$ ±5 m；累计差 $\sum d \leqslant$ ±10 m；

③ 路线闭合差不超过 ±$\sqrt{6n}$ (mm)（n 为测站数）。

3. 建筑物定位。

根据导线点、设计点的坐标使用全站仪进行放样，根据建筑物的几何关系进行角度和距离放样，在地面上标定出建筑物的所有定位点。

（1）点位放样精度 ≤ ±5 cm。

（2）距离放样精度不低于 1/5 000。

（3）角度、距离测设见本实训指导书第二部分实训一、实训二。

（4）全站仪点位放样见本实训指导书第二部分实训四。

4. 建筑物的抄平。

根据水准点、设计点的高程使用水准仪进行高程测设，并标定出建筑物标高 ±0.000 m 的位置。

（1）高程测设精度 ≤ ±2 cm。

（2）高程测设的方法见本实训指导书第二部分实训五。

5. 建筑物定位、抄平检查。

两小组之间对调检查，检查的内容为导线点、水准点、建筑物的定位点和抄平位置。

（1）抽查导线点不少于 3 个，检查所有定位点，检查坐标与测量时坐标点位误差 m ≤ ±5 cm 或检查距离 ≤ ±2 cm 和角度 ≤ ±30″；（$m_X = X_查 - X_测$，$m_Y = Y_查 - Y_测$，$m = \sqrt{m_X^2 + m_Y^2}$。

（2）抽查水准点不少于 2 个，检查所有抄平点，检查高程与测量高点或抄平高误差 $m = H_查 - H_测$ ±2 cm。

（3）如实填写检查表格。

6. 轴线投测和垂直度检查。

（1）使用激光垂准仪把一层某点投测到某一层上，熟练掌握激光垂准仪的使用。

（2）使用电子全站仪对某一宿舍楼的转角点的垂直度进行检查，检查转角不少于4个。

五、组 织

1. 实训期间的组织工作，由实训指导教师负责。

2. 实训工作按小组进行，每组 6 ~ 8 人，选组长一个，负责组内实训分工和仪器管理。

六、时间安排

序号	实训内容	时间安排/d	备注
1	实训动员、仪器领取、实地踏勘、任务研究	0.5	领取仪器并检查，对实训任务进行讨论研究并制订测量计划
2	导线测量外业	2.0	导线选点、角度测量、距离测量
3	水准测量外业	1.5	水准路线选点、四等水准测量
4	内业计算	1.0	导线计算、水准路线计算
5	建筑物定位	1.5	点位测设、角度和距离测设
6	建筑物抄平	0.5	标出建筑物 ±0.000 m
7	建筑物定位、抄平检查	1.0	导线点检查、定位点检查、水准点检查、标高检查
8	轴线投测和垂直度检查	1.0	激光垂准仪进行轴线投测和使用电子全站仪进行垂直度检查
9	资料整理，撰写报告	1.0	外业测量数据整理，内业计算数据整理，实训报告撰写

七、注意事项

1. 组长要切实负责，合理安排，使每个人都有练习机会；组员之间要团结协作，密切配合，以确保实习任务顺利完成。

2. 每项测量工作完成后应及时检核，原始数据、资料应妥善保存。

3. 测量仪器和工具要轻拿轻放，爱护测量仪器，禁止坐仪器箱和工具。

4. 时刻注意人身和仪器安全，仪器损坏和丢失要立即报告实训指导教师并按损坏程度进行维修和赔偿。

5. 点位禁止选在道路中间，测量时禁止在道路中间，尽量选在安全的地方。

6. 实训期间，要遵守学院的规章制度和国家法律法规，一经违反取消实训资格，实训成绩按零分计。

7. 实训期间，要注意校园环境，禁止乱扔垃圾，禁止在墙壁、道路、线杆、路面等物体上乱画，一经发现取消实训资格，实训成绩按零分计。

练习题

1. 工程控制网有什么作用？如何进行分类？

2. GPS 技术有哪些优点？

3. 三角高程测量的基本原理是什么？

4. 根据下表观测数据，完成各测站的计算和校核。

四等水准测量记录表

测站编号	后尺 下丝 上丝 / 后距 / 视距差 d	前尺 下丝 上丝 / 前距 / $\sum d$	方向及尺号	标尺读数 后视 黑面	标尺读数 前视 红面	K+黑减红	高差中数	备注
1	1979	0738	后	1718	6405			
	1457	0214	前	0476	5265			$K_1 = 4.687$
			后－前					$K_2 = 4.787$
2	2739	0965	后	2461	7247			
	2183	0401	前	0683	5370			
			后－前					
3	1918	1870	后	1604	6291			
	1290	1226	前	1548	6336			
			后－前					
4	1088	2388	后	0742	5528			
	0396	1708	前	2048	6736			
			后－前					
检查计算	$\sum D_a =$ $\sum D_b =$ $\sum d =$		$\sum$后视 $=$ $\sum$前视 $=$ $\sum$后视 $-\sum$前视 $=$			$\sum h =$ $\sum h_{平均} =$ $2\sum h_{平均} =$		

5. 线路初测、定测阶段，测量工作的主要内容是什么？

6. 支距法放线的基本过程有哪些？

7. 已知 B、C 为地面已有控制点，其坐标 (x_A, y_A)、(x_B, y_B) 均为已知。P_2 为某建筑物欲测设点，其坐标 (x_A, y_A) 已知。其中 B、C、P_2 的坐标如下：$B(1000.000,1029.783)$、$C(995.608,1000.029)$、$P_2(996.000,1014.000)$，要求详细描述用极坐标法放样出 P_2 点的过程。

8. 已知某公路的交点桩号为 K0 + 518.66，转角 $\alpha = 18°18'36''$，圆曲线半径 $R = 300$ m，缓和曲线长 $L_s = 50$ m，试计算平曲线测设元素和主点里程桩号，并测设主点桩。

练习题参考答案

1. 答：工程控制网的作用是为工程建设提供工程范围内统一的参考框架，为各项测量工作提供位置基准，满足工程建设不同阶段对测绘在质量、进度和费用等方面的要求。工程控制网也具有控制全局、提供基准和控制测量误差累计的作用。

工程控制网的分类：

按用途分为测图控制网、施工控制网、变形检测网、安装控制网；

按网点性质分为一维网(水准网、高程网)、二维网、三维网；

按网形分为三角网、导线网、混合网、方格网；

按施测方法分为测角网、测边网、边角网、GPS网；

按坐标系和基准分为附合网、独立网、自由网；

按其他标准可分为首级网、加密网、特殊网、专用网。

2. 答：（1）测站间无须通视；

（2）定位精度高；

（3）观测时间短；

（4）可提供三维坐标；

（5）操作简单；

（6）全天候作业。

3. 答：三角高程测量的基本原理是根据两点间的水平距离及竖直角，应用三角公式计算两点的高差。如下图所示，已知 A 点高程 H_A，欲求 B 点高程 H_B，将仪器架设于 A 点，用中丝瞄准 B 点的目标，丈量仪器高 i、觇标高 v，观测竖直角 α 和平距 S，则可求得高差：

$$h_{AB} = S \times \tan\alpha + i - v$$

可得 B 点高程：

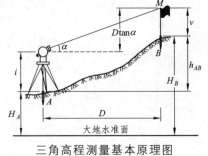

三角高程测量基本原理图

$$H_B = H_A + h_{AB} = H_A + S \times \tan\alpha + i - v$$

4. 答：

四等水准测量记录表

测站编号	后尺 下丝 / 上丝	前尺 下丝 / 上丝	方向及尺号	标尺读数 后视 黑面	标尺读数 前视 红面	K＋黑减红	高差中数	备考
	后距	前距						
	视距差 d	$\sum d$						
1	1979	0738	后 K_1	1718	6405	0		
	1457	0214	前 K_2	0476	5265	-2		
	52.2	52.4	后－前	＋1.242	＋1.140	＋2	1.2410	
	-0.2	－ 0.2						$K_1 = 4.687$ $K_2 = 4.787$
2	2739	0965	后 K_2	2461	7247	＋1		
	2183	0401	前 K_1	0683	5370	0		
	55.6	56.4	后－前	＋1.778	＋1.877	＋1	1.7775	
	－ 0.8	－ 1.0						
3	1918	1870	后 K_1	1604	6291	0		
	1290	1226	前 K_2	1548	6336	-1		
	62.8	64.4	后－前	＋0.056	-0.045	＋1	0.0555	
	－ 1.6	－ 2.6						
4	1088	2388	后 K_2	0742	5528	＋1		
	0396	1708	前 K_1	2048	6736	－ 1		
	69.2	68.0	后－前	－ 1.306	－ 1.208	＋2	－ 1.3070	
	＋1.2	－ 1.4						

检查计算

$\sum D_a = 239.8$　　$\sum$后视 ＝31.996　　$\sum h = +3.534$

$\sum D_b = 241.2$　　$\sum$前视 ＝28.462　　$\sum h_{平均} = +1.761$

$\sum d = -1.4$　　$\sum$后视－$\sum$前视 ＝+3.534　　$2\sum h_{平均} = +3.534$

注：如奇数测站 $2\sum h_{平均}$ 应相差常数 0.100 m。

5. 答：初测内容包括四个方面：

（1）插大旗。根据方案在小比例尺地形图上选定线路位置，并在拟定的线路转向点和长直线的转点处插上标旗，为导线测量及各专业调查做好准备。此项工作称为插大旗。

（2）导线测量。导线测量指的是测量导线长度、转角和高程，以及推算坐标等的作业。导线测量是在地面上选定一系列点连成折线，在点上设置测站，然后采用测边、测角方式来测定这些点的水平位置的方法，是建立国家大地控制网的一种方法，也是工程测量中建立控制点的常用方法。

（3）高程测量。高程测量指的是确定地面点高程的测量工作。一点的高程一般是指这点沿铅垂线方向到大地水准面的距离，又称海拔或绝对高程。

（4）地形测量。地形测量指的是测绘地形图的作业，即对地球表面的地物、地形在水平面上的投影位置和高程进行测定，并按一定比例缩小，用符号和注记绘制成地形图的工作。地形图的测绘基本上采用航空摄影测量方法，利用航空像片主要在室内测图。但面积较小的或者工程建设需要的地形图，则采用平板仪测量方法，在野外进行测图。

定测内容包括：中线测量、纵断面测量和横断面测量。

6. 答：（1）室内选点、量支距；

（2）现场放线；

（3）穿线；

（4）延长直线；

（5）交点。

7. 答：（1）列出方位角与象限角之间的关系：

坐标方位角（°）	所在象限	坐标增量的正负号		方位角计算公式
		Δx	Δy	
0～90	Ⅰ	+	+	$\alpha = \arctan \dfrac{\Delta y}{\Delta x}$
90～180	Ⅱ	−	+	$\alpha = 180° - \arctan \left\| \dfrac{\Delta y}{\Delta x} \right\|$
180～270	Ⅲ	−	−	$\alpha = 180° + \arctan \left\| \dfrac{\Delta y}{\Delta x} \right\|$
270～360	Ⅳ	+	−	$\alpha = 360° - \arctan \left\| \dfrac{\Delta y}{\Delta x} \right\|$

（2）计算方位角：

α_{CB}： $\Delta y = y_B - y_C = +29.754$（+）

$\Delta x = x_B - x_C = +4.392$（+）第一象限

$\alpha_{CB} = \arctan \dfrac{\Delta y}{\Delta x} = 81°36'11''$

α_{CP2}： $\Delta y = y_{P2} - y_C = +13.9$（+）

$\Delta x = x_{P2} - x_C = +0.392$（+）第一象限

$\alpha_{CP2} = \arctan \dfrac{\Delta y}{\Delta x} = 88°23'34''$

（3）计算放样角：

$$\beta_{P2} = \alpha_{CP2} - \alpha_{CB} = 6°47'23''$$

（4）计算放样距离：

$$D_{CP2} = \sqrt{(x_C - x_{P2})^2 + (y_C - y_{P2})^2} = 13.976 \text{ m}$$

（5）检核。

（6）测设方法（如下图）

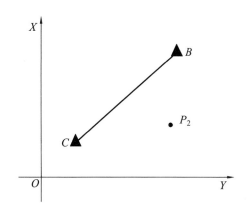

① 安置全站仪于 C 点，瞄准 B 点，顺时针测设水平角 β_{P2}，在地面上标定出 P_2 方向。

② 自 C 点开始，用钢尺（光电测距）沿 P_2 方向线测设水平距离 D，在地面上标定出 P_2 点的位置。

③ 检核：测量 B 与 P_2 距离与理论数据进行比较，计算是否满足要求。

8.答： 解：(1)计算缓和曲线常数：

$$\beta = \frac{L_s}{2R} \cdot \frac{180°}{\pi} = \frac{50 \times 180°}{2 \times 300 \times \pi} = 4°46'29''$$

$$p = \frac{L_S^2}{24R} = \frac{50^2}{24 \times 300} = 0.35 \, (\text{m})$$

$$q = \frac{L_S}{2} - \frac{L_S^3}{240R^2} = \frac{50}{2} - \frac{50^3}{240 \times 300^2} = 25 \, (\text{m})$$

$$x_h = L_S - \frac{L_S^3}{40R^2} = 50 - \frac{50^3}{40 \times 300^2} = 49.65 \, (\text{m})$$

$$y_h = \frac{L_S^2}{6R} = \frac{50^2}{6 \times 300} = 1.39 \, (\text{m})$$

$$t_d = \frac{2}{3}L_S + \frac{11L_S^3}{1260R^2} = \frac{2}{3} \times 50 + \frac{11 \times 50^3}{1260 \times 300^2} = 33.34 \, (\text{m})$$

$$t_k = \frac{1}{3}L_S + \frac{L_S^3}{1260R^2} = \frac{1}{3} \times 50 + \frac{50^3}{1260 \times 300^2} = 16.68 \, (\text{m})$$

（2）测设元素计算：

$$T_h = (R + p)\tan\frac{\alpha}{2} + q = (300 + 0.35)\tan\frac{18°18'36''}{2} + 25 = 73.40 \, (\text{m})$$

$$L_h = R\alpha\frac{\pi}{180°} - L_S = 300 \times 18°18'36'' \times \frac{\pi}{180°} + 50 = 145.87 \, (\text{m})$$

$$E_h = (R + p)\sec\frac{\alpha}{2} - R = (300 + 0.35)\sec\frac{18°18'36''}{2} - 300 = 4.22 \, (\text{m})$$

$$D_h = 2T_h - L_h = 2 \times 73.40 - 145.87 = 0.93 \, (\text{m})$$

（3）主点里程桩号计算

	JD	K0 + 518.66
−)	T_h	73.40
	ZH	K0 + 445.26
+)	L_S	50
	HY	K0 + 495.26
+)	L_Y	45.87
	YH	K0 + 541.13
+)	L_S	50
	HZ	K0 + 591.13
−)	$L_h/2$	145.87/2
	QZ	K0 + 518.95
+)	$D_h/2$	0.46
	JD	K0 + 518.66 （校核无误）

（4）主点桩测设：

① 由 JD 沿前后切线方向分别量取 T_h = 73.40 m 得 ZH 和 HZ 点桩位。

② 由 JD 沿分角线方向量取 E_h = 4.22 m 得 QZ 点桩位。

③ 根据 x_h = 49.65 m、y_h = 1.39 m，分别以 ZH 和 HZ 点为原点，用切线支距法定出 HY 和 HY 点的位置。

参考文献

[1] 陈彦恒. 工程测量练习题与实训指导书. 成都：西南交通大学出版社，2017.

[2] 肖利. 铁路工程测量练习题与实训指导书. 2 版. 成都：西南交通大学出版社，2014.

[3] 张志刚. 线桥隧施工测量. 成都：西南交通大学出版社，2014.

[4] 李向民. 建筑工程测量. 北京：机械工业出版社，2011.

[5] 2018 年全国职业院校技能大赛拟设赛项规程　工程测量赛项.

附 录

2018 年全国职业院校技能大赛
工程测量赛项规程

一、赛项名称

赛项编号：GZ-2018013

赛项名称：工程测量

英语翻译：Engineering Survey

赛项组别：高职组

赛项归属产业：资源环境与安全

二、竞赛目的

1. 检验实践教学效果，检验学生的实践能力和基础知识的掌握水平，培养学生从事测绘数据采集以及数据处理等方面的实践能力。

2. 建立全国开设测绘地理信息类专业的高等职业院校交流教学成果与经验的平台，引导全国高等职业院校测绘地理信息类专业人才培养模式改革与专业建设。

3. 检查学生对现场问题的分析与处理能力、各参赛院校组织管理与团队协作能力、适应实践需求的应变能力。

4. 以技能竞赛为平台，与国家测绘地理信息行业主管部门合作，实施测绘地理信息职业技能鉴定，创新"双证书"制度。

5. 检验和培养学生养成认真细致的业务作风、团队协作的优秀品质、精益求精的工作态度和科学高效的工作方法。

三、竞赛内容

1. 竞赛内容：

本项竞赛有"二等水准测量"、"1：500 数字测图"两个赛项，包含测量外业观测和测量内业计算或绘图。成绩评定分竞赛用时和成果质量两部分，详见表1。

表 1　竞赛内容、时间与权重表

竞赛内容		竞赛时间（分）	所占权重（%）
二等水准测量	竞赛用时	80	30
	成果质量		70
1：500 数字测图	竞赛用时	160	30
	成果质量		70

2. 竞赛要求：

（1）二等水准测量：完成闭合水准路线的观测、记录、计算和成果整理，提交合格成果。

（2）1：500 数字测图：按照 1：500 比例尺测图要求，完成外业数据采集和内业编辑成图工作，提交 DWG 格式数字地形图。

（3）凡超过规定的竞赛时间，立即终止竞赛。

四、竞赛方式

1. 本赛项为团体赛，参赛队是已按大赛办公室要求在官方网站报过名的队伍。凡在本赛项的往届比赛中曾获得过一等奖的选手不得参赛。

2. 凡是在规定时间内完成了规定的比赛任务，取得合格成果，且个人理论考核成绩合格的，由国家测绘局职业技能鉴定指导中心核发工程测量员职业资格证书。

3. 各队参加比赛的出场顺序、竞赛路线和场地均在现场组织抽签决定。参赛选手均需携带身份证和参赛证，接受裁判组的检查。

4. 比赛期间容许观众在指定的区域内现场观摩。

五、竞赛流程

竞赛场次安排：全部参赛队通过抽签分为 A、B、C、D 四个大组，见表2。

表 2 竞赛场次安排表

时 间	A 组	B 组	C 组	D 组
第一天上午	1：500 数字测图	轮 空	二等水准测量	轮 空
第一天下午	轮 空	二等水准测量	轮 空	1：500 数字测图
第二天上午	轮 空	1：500 数字测图	轮 空	二等水准测量
第二天下午	二等水准测量	轮 空	1：500 数字测图	轮 空

六、竞赛赛卷

本赛项竞赛试题公开，随赛项规程同步发布。公开试题中的点号和数据均为样例，竞赛时各队试题的点号和原始数据由抽签得到。公开试题如下：

1. 二等水准测量竞赛试题（样例）：

如图 1 所示闭合水准路线，已知 A_{01} 点高程为 69.803 m，测算 B_{04}、C_{01} 和 D_{03} 点的高程，测算要求按竞赛规程。

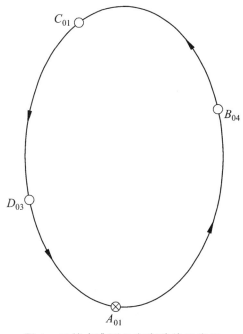

图 1 二等水准测量竞赛路线示意图

上交成果：二等水准测量竞赛成果，包括观测手簿、高程误差配赋表和高程点成果表。

说明：参赛队现场抽签点位，抽签得到的已知点、待定点组合成竞赛水准路线。

2. 1∶500 数字测图竞赛试题（样例）

数字测图竞赛难度适中。数字测图采取 GNSS 卫星定位仪与全站仪相结合的方式，完成赛项规定区域的 1∶500 数字地图的数据采集和编辑成图。测图要求按竞赛规程。

控制点坐标如下：

G_1　　$x = 1901.778$ m　　　$y = 2\,880.933$ m　　　$H = 70.244$ m

G_2　　$x = 1803.096$ m　　　$y = 2\,762.329$ m　　　$H = 70.078$ m

G_3　　$x = 1714.339$ m　　　$y = 2\,805.436$ m　　　$H = 69.969$ m

数字测图赛场的地物包括房屋、道路和绿化地等，测图面积约 200 m×200 m。赛场地物较齐全，难度适中。

要求采用 GNSS 卫星定位接收机与全站仪相结合的测图方式，完成赛项执委会指定区域的 1∶500 数字地图的数据采集和编辑成图。测图要求按竞赛规程。

赛项组委会为每个参赛队提供 3 个控制点，3 个控制点不保证相互通视。

上交成果：数据采集的原始文件、野外数据采集草图和 DWG 格式的地形图文件。

说明：参赛队现场抽签已知点组和绘图计算机编号。

七、竞赛规则

（一）参赛资格

1. 参赛选手须为普通高等学校全日制在籍专科学生，本科院校中高职类全日制在籍学生，五年制高职四、五年级在籍学生。

2. 高职组参赛选手年龄须不超过 25 周岁，年龄计算的截止时间以 2018 年 5 月 1 日为准。

3. 凡在往届全国职业院校技能大赛中获一等奖的选手，不能再参加同一项目同一组别的比赛。

（二）报名要求

1. 各省教育行政部门按照大赛执委会确定的报名时间和名额，通过全国职业院校技能大赛网络报名系统组织完成本省的参赛报名工作。

2. 每支参赛队由 4 名选手组成，不得跨校组队，每队可以配备 2 名指导教师，指导教师须为本校专兼职教师，每个高职院校限报 1 个队。

3. 参赛选手和指导教师报名获得确认后不得随意更换。如备赛过程中参赛选手和指导教师因故无法参赛，须由省级教育行政部门于相应赛项开赛 10 个工作日之前出具书面说明，经大赛执委会办公室核实后予以更换。竞赛开始后，参赛队不得更换参赛队员，允许队员缺席比赛。

4. 参赛院校确定赛项领队 1 人，赛项领队应该由参赛院校中层以上管理人员或教育行政部门人员担任。

（三）赛前准备

按照竞赛日程安排，各参赛队在规定时间段内熟悉竞赛场地。

（四）正式比赛

（1）参赛队必须提前 30 min 进入赛场，到检录处检录，然后到竞赛现场抽签。未能按时检录者不得参赛。

（2）参赛队检录后应立即到赛场抽签处，等候裁判组长组织抽签，凡裁判组长点名不在场、无故迟到 5 min 者取消参赛资格。

（3）竞赛过程中选手不得使用任何通信工具。参赛队员在竞赛过程中不能以任何方式与外界交换信息。

（4）开赛前仪器必须装箱，脚架收拢。裁判组长宣布竞赛开始，计时开始。

（5）竞赛过程中，若仪器发生故障，参赛队员须向当值裁判员报告，由仪器厂商工程师到现场检查，工程师确认仪器有故障且经现场当值裁判员认可后可以更换重测。若仪器无故障，工程师检查仪器的时间计入竞赛时间。

凡在测量过程中未报告仪器故障的，竞赛结束后不能以仪器故障为由要求重测。

非仪器故障的重测不重新计时。

（6）竞赛结束，各参赛队仪器装箱、脚架收好，上交成果资料，竞赛计时结束。

（7）成果一旦提交就不能以任何理由要求修改或者重测。

（8）二等水准测量，选手必须按规定轮换。每人观测一测段，记录一测段。

（9）竞赛过程中，选手须严格遵守操作规程，确保人身及设备安全，并接受裁判员的监督和警示。

（10）选手造成仪器设备损坏，无法继续竞赛的，停止该队竞赛，不得重赛，并赔偿仪器设备。

（11）参赛者必须尊重裁判，服从裁判指挥。参赛队对裁判员及其裁决有异议，可在规定的时间内向裁判长及赛项仲裁组申诉。

（12）领队和指导教师严格遵守赛场规章制度，按时参加赛区组织的相关会议，并及时给队员传达会议信息。凡因故未参加会议或未及时给队员传达竞赛会议信息的，自行负责。

竞赛过程中，领队和指导教师不得进入竞赛现场。

（14）参赛选手应严格遵守竞赛规程大赛要求，保证人身及设备安全，接受裁判员的监督和警示，文明竞赛。

（五）成绩评定

成绩评定指根据竞赛考核目标、内容和要求对参赛队竞赛最终成果做出评价，采用测量过程评分和质量成果评分相结合的方式。

（1）各项竞赛的测量过程成绩由现场裁判根据各队的竞赛按照评分标准评定，由裁判组长审核确定。

（2）二等水准测量的成果质量成绩由计算裁判组分工负责按照评分标准评定，由计算裁判组长审核并汇总。数字测图成果质量成绩由绘图裁判组分工负责按照评分标准评定，由绘图裁判组长审核并汇总。

（3）各队在各单项竞赛的时间成绩由评分裁判计算，评分裁判长审核。

（4）各队的团体总成绩由成绩裁判组长负责汇总，总裁判长审核。

（5）成绩产生、审核和公布由裁判组、督导组和仲裁组按照大赛制度《成绩管理办法》执行。

（六）成绩公布

各单项总成绩汇总后，由裁判长和监督组签字后进行公示。公示时间为 2 h。成绩公示无异议后，由仲裁长和监督组长在成绩单上签字，并在闭赛式上公布竞赛成绩。

八、竞赛环境

竞赛环境说明如下：

1. 二等水准测量赛场情况：

（1）水准线路为水泥硬化路面，线路长度约 1.5 km。

（2）场地能设置多条闭合水准路线，每条闭合水准路线由 3 个待求点和 1 个已知点组成。

2. 1：500 数字测图赛场情况

（1）1：500 数字测图竞赛场地难度适中，地物齐全。

（2）测图场地面积约 200 m×200 m，通视条件良好。

（3）竞赛采用 GNSS 和全站仪相结合的测图方式。赛项执委会为每个参赛队提供 3 个控制点和接收 GNSS 网络 RTK 信号的手机卡。场地的有些地物点可能无法用 GNSS 测量，需要用全站仪测量，即由 GNSS 先确定全站仪测站点，然后在测站点上架设全站仪测量。全站仪测量的碎部点数不少于 15 个。

（4）GNSS 设备和全站仪不能同时使用，不使用的仪器必须在指定的位置放置整齐。

（5）内业编辑成图在规定的机房完成，赛项执委会提供安装有 CASS9.2 数字测图软件、中望 CAD 及其配套软件的计算机。

3. 赛场内布设有明显点位标志和路线标示，赛场周边有隔离标示或护栏，确保选手不受外界影响参加竞赛。

4. 赛场设有保安、公安、消防、设备维修和电力抢险人员待命，以防突发事件。赛场配备维修服务、医疗、生活补给站等公共服务设施。

九、技术规范

1.《国家基本比例尺地图图式　第一部分　1∶500　1∶1 000　1∶2 000 地形图图式》GB/T 20257.1—2007。

2.《国家一、二等水准测量规范》GB/T 12897—2006。

3.《全球定位（GPS）测量规范》GB/T 18314—2001。

4. 本赛项技术规范。

凡与国家标准不一致的内容以本赛项技术规范为准。

第一部分　二等水准测量竞赛

水准路线为闭合路线，全长约 1.5 km，1 个已知点和 3 个待定点，分为 4 个测段。参赛队应完成现场抽签点位组合成的水准路线。

1. 观测与计算要求：

（1）观测使用赛项执委会规定的仪器设备、3 m 标尺，测站视线长度、前后视距差及其累计、视线高度和数字水准仪重复测量次数等按表 3 规定计取。

表 3　二等水准测量技术要求（3 m 水准标尺）

视线长度 /m	前后视距差 /m	前后视距累积差 /m	视线高度 /m	两次读数所得高差之差 /mm	水准仪重复测量次数	测段、环线闭合差 /mm
≥3 且 ≤50	≤1.5	≤6.0	≤2.80 且 ≥0.55	≤0.6	≥2 次	$\leq 4\sqrt{L}$

注：L 为路线的总长度，以 km 为单位。

（2）参赛队信息只在竞赛成果资料封面规定的位置填写，成果资料内部的任何位置不得填写与竞赛测量数据无关的信息。

（3）竞赛使用 3 kg 尺垫，可以不使用撑杆，也可以自带撑杆。

（4）竞赛过程中不得携带仪器或标尺跑步。

（5）竞赛记录及计算均须使用赛项执委会统一提供的《二等水准测量记录计算成果》本。记录及计算一律使用铅笔填写，记录完整。记录格式示例见表 4。

表 4 二等水准测量手簿示例（参考）

测站编号	后距	前距	方向及尺号	标尺读数		两次读数之差	备注
	视距差	累积视距差		第一次读数	第二次读数		
1	31.5	31.6	后 A_1	153969	153958	+ 11	
			前	139269	139260	+ 9	
	-0.1	-0.1	后－前	+ 14700	+ 14698	+ 2	
			h	+ 0.14699			
2	36.9	37.2	后	137400	137411 137351	-11	测错
			前	114414	114400	+ 14	
	-0.3	-0.4	后－前	+ 22986	+ 23011	− 25	
			h	+ 0.22998			
3	41.5	41.4	后	113916	143906	+ 10	
			前	109272	139260	+ 12	
	+ 0.1	-0.3	后－前	+ 4644	+ 4646	− 2	
			h	+ 0.04645			
4	46.9	46.5	后	139411	139400	+ 11	
			前 B_1	144150	144140	+ 10	
	+ 0.4	+ 0.1	后－前	− 4739	− 4740	+ 1	
			h	− 0.04740			
5	23.5	24.4	后 B_1	135306	135815	− 9	超限
			前	134615	134506	+ 109	
	− 0.9	− 0.8	后－前	+ 691	+ 1309		
			h				
5	23.4	24.5	后 B_1	142306	142315	− 9	重测
			前	137615	137606	+ 9	
	− 1.1	− 1.9	后－前	+ 4691	+ 4709	− 18	
			h	+ 0.04700			

记录要求：观测记录的数字与文字力求清晰、整洁，不得潦草；按测量顺序记录，不空栏、不空页、不撕页；不得转抄成果；不得涂改、就字改字；不得连环涂改；不得用橡皮擦、刀片刮。

（6）水准路线采用单程观测，每测站读两次高差，奇数站观测水准尺的顺序为：后—前—前—后；偶数站观测水准尺的顺序为：前-后-后-前。

（7）仪器显示的中丝读数必须是 2 次测量的平均值。

（8）同一标尺两次读数不设限差，但两次读数所测高差之差应满足表 3 规定。

（9）观测记录的错误数字与文字应用单横线正规画去，在其上方写上正确的数字与文字，并在备考栏注明原因："测错"或"记错"，计算错误不必注明原因。

（10）因测站观测误差超限，在本站检查发现后可立即重测，重测必须变换仪器高。若迁站后才发现，应退回到本测段的起点重测。超限成果应当正规画去，并在备考栏注明"超限"，重测成果在备考栏注明"重测"。

（11）无论何种原因使尺垫移动或翻动，应退回到本测段的起点重测。

（12）仪器转站过程中观测者必须手托水准仪，不得肩扛仪器。

（13）观测记录的计算由记录员独立完成，且不得使用计算器。

（14）每测站的记录和计算全部完成后方可迁站。

（15）测量员、记录员、扶尺员必须轮换，每人观测 1 测段、记录 1 测段。

（16）现场完成高程误差配赋计算。

（17）竞赛结束，参赛队上交成果的同时，应将仪器脚架收好，计时结束。

（18）从领取仪器开始，只要仪器或标尺摔落掉地，取消比赛资格。

（19）高程误差配赋计算，按照测绘规定的"4 舍 6 进、5 看奇偶"的取舍原则，距离取位到 0.1 m，高差及其改正数取位到 0.00001 m，高程取位到 0.001 m。计算格式见表 5。表中必须写出闭合差和闭合差允许值。

表 5　高程误差配赋表

点名	距离/m	观测高差/m	改正数/m	改正后高差/m	高程/m
BM1	435.1	0.12460	− 0.00119	0.12341	182.034
B_1					182.157
	450.3	− 0.01150	− 0.00123	− 0.01273	
B_2					182.145
	409.6	0.02380	− 0.00112	0.02268	
B_3					182.167
BM5	607.0	− 0.13170	− 0.00166	− 0.13336	182.034
Σ	1902.0	+ 0.00520	− 0.00520	0	
$W = + 5.2$ mm		$W_允 = \pm 5.5$ mm			

说明：平差计算表中数字与文字力求清晰、整洁，不得潦草；可以用橡皮擦，但必须保持整洁，字迹清晰，不得画改。

2. 上交成果：

每个参赛队完成外业观测后，在现场完成高程误差配赋计算，并填写高程点成果表。上交成果为：《二等水准测量竞赛成果资料》。

第二部分　1∶500 数字测图

测图面积大约为 200 m×200 m，通视条件良好，地物、地貌要素齐全，难度适中，能多个队同时开始测图竞赛。大赛为每个参赛队提供 2 个控制点和 1 个检查点，控制点之间可能互不通视，参赛队利用 GNSS 流动站在已知点上测量确定坐标系转换参数后测图。

对于测区内 GNSS 卫星定位仪不能直接测定的地物，需要用全站仪测定。

内业编辑成图在规定的机房内完成，赛项执委会提供安装有中望 CAD 平台的数字测图软件 CASS9.2 的计算机。

1. 测量及绘图要求：

（1）各参赛队小组成员共同完成规定区域内碎部点数据采集和编辑成图，队员的工作可以不轮换。

（2）竞赛过程中选手不得携带仪器设备跑步。

（3）碎部点数据采集模式只限 "草图法"，不得采用其他方式。

（4）用 GNSS 接收机确定全站仪的测站点时必须使用脚架。

（5）必须采用 GNSS 接收机配合全站仪的测图模式，全站仪测量的点位不少于 15 点。

上交的绘图成果上不得填写参赛队及观测者、绘图者姓名等信息。

（6）GNSS 设备和全站仪不能同时使用。不使用的一种设备应放置在规定的位置。

（7）草图必须绘在赛项执委会配发的数字测图野外草图本上。

（8）按规范要求表示高程注记点，除指定区域外，其他地区不表示等高线。

（9）绘图：按图式要求进行点、线、面状地物绘制和文字、数字、符号注记。注记的文字字体采用绘图软件默认字体。

（10）图廓整饰内容：采用任意分幅（四角坐标注记坐标单位为 km，取整至 50 m），图名、测图比例尺、内图廓线及其四角的坐标注记，外图廓线、坐标系统、高程系统、等高距、图式版本和测图时间（图上不注记测图单位、接图表、图号、密级、直线比例尺、附注及其作业员信息等内容）。

2. 上交成果：

（1）dat 格式的原始测量数据文件 2 个：全站仪测点和 GNSS 测点的数据文件。

（2）野外草图。

（3）DWG 格式的地形图数据文件。

十、技术平台

竞赛使用的所有仪器、附件及计算工具均由大赛合作企业统一提供，包括：

1. 计算工具。

卡西欧（中国）贸易有限公司的 CASIO fx-5800P 计算器 2 个（二等水准测量完开始平差计算前发）。

外业数据记录夹 1 个，三角板 1 副，铅笔 4 支，削笔刀 1 个和橡皮 1 块。

2. 二等水准测量仪器设备。

（1）电子水准仪（DL07，见图 2）：含木制脚架 1 个、3 m 数码标尺 1 对、撑杆 2 个及尺垫（3 kg）2 个。

（2）50 m 测绳（根据参赛队的要求配发）。

3. 1∶500 数字测图仪器设备。

（1）GNSS 接收机流动站一套（K6 Power RTK 测量系统）。

（2）全站仪一套（KTS-452RL 彩屏全站仪），2 个脚架、1 个对中杆和 2 个棱镜（大棱镜小棱镜各 1 个）。

（3）安装数字测图软件 CASS9.2、中望 CAD 及其配套软件的台式计算机 1 台。

（4）5 m 钢卷尺 1 个。

（5）科力达 CORS 工作站及其配套设备。

图 2　测量仪器设备

十一、成绩评定

（一）评分标准

1. 竞赛用时成绩评分标准。

各队的作业速度得分 S_i 计算公式为：

$$S_i = \left(1 - \frac{T_i - T_1}{T_n - T_1} \times 40\%\right) \times 30$$

式中：T_1 为所有参赛队中用时最少的竞赛时间；

$\quad\quad T_n$ 所有参赛队中不超过规定最大时长的队伍中用时最多的竞赛时间。

$\quad\quad T_i$ 为各队的实际用时。

2. 竞赛成果质量评分标准。

1）二等水准测量成果质量评分标准。

成果质量从观测质量和测量成果精度等方面考虑进行分类：合格成果和二类成果（不合格成果）。

（1）二类成果。

凡原始观测记录用橡皮擦、每测段测站数非偶数，视线长度、视线高度、前后视距差及其累计差、两次读数所得高差之差超限，原始记录连环涂改，水准路线闭合差超限等，违反其中之一即为二类成果。

凡是手簿内部出现与测量数据无关的文字、符号等内容，也会被定为二类成果。

（2）观测与记录评分标准。

①　测量过程部分。

评测内容	评分标准	扣分
携带仪器设备（标尺）跑步	警告无效，跑 1 步扣 1 分	
转站过程携带仪器不恰当	违规 1 次扣 1 分	
观测、记录轮换	违规 1 次扣 2 分	
骑在脚架腿上观测	违规 1 次扣 1 分	
测站上记录计算不得使用计算器	违规 1 次扣 2 分，多次违规取消资格	
非记录员参与计算	违规 1 次扣 1 分	
高差测量	中丝读数少读 1 次（后视或前视）扣 5 分	
视距测量	不读或者故意读错 1 次扣 2 分	
测站记录计算未完成就迁站	违规 1 次扣 2 分	
测量不按规定路线	仪器或标尺离开规定路线 1 次扣 5 分	
记录转抄	违规 1 次扣 2 分	
数字水准仪显示高差	违规 1 次扣 2 分	
使用电话、对讲机等通信工具	出现一次扣 2 分	
故意干扰别人测量	造成重测后果的扣 10 分	
观测记录同步	违规 1 次扣 2 分	
仪器设备	水准仪、标尺摔倒落地	取消资格
合计扣分		
其他违规情况记录		

注：违规情况记录：1. 用橡皮等现象。2. 本标准未列出的违规情况。

② 成果质量评分。

	评测内容	评分标准	扣分
观测与记录40分	每测段测站数为偶数	奇数测站	二类
	测站限差	视线长度、视线高度、前后视距差、前后视距累计差、高差较差等超限	二类
	观测记录	连环涂改	二类
	记录手簿	记录计算簿出现与测量数据无关的文字符号等	二类
	手簿记录空栏或空页	空 1 栏扣 2 分，空 1 页扣 5 分	
	手簿计算	每缺少 1 项或错误 1 处扣 1 分	
	记录规范性（4分）	就字改字、字迹模糊影响识读 1 处扣 1 分	
	手簿画改不用尺子或不是单线（4分）	违规一处扣 1 分，扣完为止	
	同一数据划改超过 1 次	违规一处扣 1 分，扣完为止	
	划改后不注原因或原因不规范（2分）	一处扣 0.5 分，扣完为止	
	手簿整测站画改	整测站画去超过有效成果记录的 1/3 扣 5 分	
	观测手簿不用橡皮擦	违 规	二类
	重测应变换仪器高	违规 1 次扣 3 分	
	应填写点名（4分）	违规 1 处扣 1 分，扣完为止	
内业计算30分	计算取位（4分）	违规 1 处扣 1 分，扣完为止	
	水准路线闭合差	超限	二类
	平差计算（20分）	1 处计算错误扣 $1+0.1n$ 分，n 为影响后续计算的项目数，扣完为止	
		全部未计算扣 20 分；只计算路线闭合差扣 15 分；未计算闭合差限差扣 3 分；其他计算缺项或未完成酌情扣分	
	待定点高程检查	与标准值比较不超过 ±5 mm 不超限，超限 1 点扣 2 分	
	成果表	不填写成果表扣 2 分；填写错误每点扣 1 分	
	计算表整洁	每 1 处非正常污迹扣 0.5 分	
合计扣分		合计得分	

2）数字测图成果质量成绩评分标准。

成果质量成绩主要从参赛队的仪器操作、测图精度和地形图编绘等方面考虑，包括：

（1）取消比赛资格。

下列情况之一取消竞赛资格：

① 故意遮挡其他参赛队观测。

② 携带非赛项执委会配发的仪器设备。

③ 不采用"草图法"采集碎部点。

④ GNSS 接收机、全站仪、棱镜及其配套设备摔倒落地。

⑤ 使用非赛项执委会提供的草图纸。

⑥ 使用电话、对讲机等通信工具。

（2）野外数据采集。

① 全站仪和 GNSS 设备不得同时使用，违规 1 次扣 5 分。

② 指导教师及其他非参赛人员入场、指导、协助操作，违规 1 次扣 5 分。

③ 仪器操作违反操作规程或者其他不安全操作行为，违规 1 次扣 2 分。

④ 全站仪测点不少于 15 点，每少 1 点扣 0.3 分。

（3）测图精度。

测图精度评分标准如下：

① 测量过程评分。

评测内容	评分标准	处理
故意遮挡其他参赛队观测	不听裁判劝阻	取消资格
使用非赛会提供的设备	违规	取消资格
全站仪、棱镜、GNSS 接收机	摔倒落地	取消资格
使用电话、对讲机等通信工具	违规	取消资格
使用非赛会提供的草图纸	违规	取消资格
测定全站仪测站点和定向点不用脚架	违规 1 次扣 3 分	
全站仪和 GNSS 接收机不得同时使用	违规 1 次扣 5 分	
指导教师及其他非参赛人员入场	出现 1 次扣 2 分	
携带仪器设备跑步	警告无效，跑 1 步扣 1 分	
仪器设备不安全操作行为	每 1 次扣 2 分	
其他特殊情况记录		
合计扣分		

注：测量过程扣分直接在总成绩中减。

② 成果质量评分。

项目与分值	评分标准	扣分
方法完整性（5分）	全站仪测点不少于15点，每少1点扣0.5分	
点位精度（10分）	要求误差小于0.15 m。检查10处，每超限1处扣1分	
边长精度（5分）	要求误差小于0.15 m。检查5处，每超限1处扣1分	
高程精度（5分）	要求误差小于1/3等高距（0.15 m） 检查5处，每超限1处扣1分。	
错误或违规（10分）	重大错误或违规扣10分；一般错误或违规扣1~5分	
完整性（15分）	图上内容取舍合理，主要地物漏测1项扣2分，次要地物漏测1项扣1分	
符号和注记（10分）	地形图符号和注记用错1项扣1分	
整　饰（5分）	地形图整饰应符合规范要求，缺、错少1项扣1分	
等高线（5分）	未绘制等高线扣5分。等高线与高程发生矛盾，1处扣1分	
合计扣分		合计得分	

（二）评分方法

1. 竞赛成绩主要从参赛队的作业速度、成果质量两个方面计算，采用百分制。其中：成果质量总分70分，按评分标准计算；作业速度总分30分，按各组竞赛用时计算。两项成绩相加成绩高者优先。

2. 团体总成绩按参赛队二个单项比赛成绩加权求和计算，其中"二等水准测量"和"数字测图"的权重分别为0.4和0.6，即：

团体总成绩 = 二等水准测量成绩 × 0.4 + 数字测图成绩 × 0.6

若两队总分相等，按照以下顺序确定名次：

① 测图质量成绩高；

② 水准测量质量成绩高；

③ 竞赛用时少（水准测量时间 + 数字测图时间）。

3. 在规定时间内完成竞赛，且成果符合要求者按竞赛评分成绩确定名次。凡未完成比赛或定性为二类成果的成绩为0分。

4. 对于竞赛过程中伪造数据者，取消该队全部竞赛资格，并报请全国职业院校技能大赛办公室通报批评。

（三）成绩评定

成绩评定根据竞赛考核内容和要求对参赛队竞赛最终成果做出评价：

1. 各项竞赛的作业过程成绩由现场裁判根据各队的竞赛表现评定，由单项裁判组长审核确定。

2. 二等水准成果质量成绩由计算裁判组按照评分内容分工负责评定，由计算裁判组长审核并汇总。数字测图质量成绩由绘图裁判组按照评分内容分工负责评定，由绘图裁判组长审核并汇总。

3. 各队在各单项竞赛的时间成绩由评分裁判计算，评分裁判组长审核。

4. 各队的团体总成绩由总裁判长审核。

5. 成绩产生、审核和公布由裁判组、督导组和仲裁组按照大赛制度《成绩管理办法》执行。

6. 各类裁判人员按照分工各司其职，开展加密解密、现场执裁、内业评判、时间分计算、成绩汇总和公布等工作。总裁判长负责协调指挥。

（四）成绩公示

各单项及总成绩汇总后，经裁判长、监督组签字后进行公示。公示时间为 2 h。成绩公示无异议后，由仲裁长和监督组长在成绩单上签字，并在闭赛式上公布竞赛成绩。

十二、奖项设定

1. 本赛项只设团体总成绩奖，不设单项奖和个人奖。

2. 竞赛团体奖设定为团体一、二、三等奖，获奖比例分别为所有参赛队数的 10%、20% 和 30%，按竞赛团体总成绩排名。

获得一等奖的参赛队指导教师获"优秀指导教师"。

十三、赛项安全

赛事安全是技能竞赛一切工作顺利开展的先决条件，是赛事筹备和运行工作必须考虑的核心问题。赛项执委会应采取切实有效措施保证大赛期间参赛选手、指导教师、裁判员、工作人员及观众的人身安全。

（一）比赛环境

1. 执委会须在赛前组织专人对比赛现场、住宿场所和交通保障进行考察，并对安全工作提出明确要求。赛场的布置，赛场内的器材、设备，应符合国家有关安全规定。如有必要，也可进行赛场仿真模拟测试，以发现可能出现的问题。承办单位赛前须按照执委会要求排除安全隐患。

2. 赛场周围要设立警戒线，要求所有参赛人员必须凭执委会印发的有效证件进入场地，防止无关人员进入发生意外事件。比赛现场内应参照相关职业岗位的要求为选手提供必要的劳动保护。在具有危险性的操作环节，裁判员要严防选手出现错误操作。

3. 承办单位应提供保证应急预案实施的条件。对于比赛内容涉及高空作业、可能有坠物、大用电量、易发生火灾等情况的赛项，必须明确制度和预案，并配备急救人员与设施。

4. 严格控制与参赛无关的易燃易爆以及各类危险品进入比赛场地，不许随便携带书包进入赛场。

5. 配备先进的仪器，防止有人利用电磁波干扰比赛秩序。大赛现场需对赛场进行网络安全控制，以免场内外信息交互，充分体现大赛的严肃、公平和公正性。

6. 执委会须会同承办单位制订开放赛场和体验区的人员疏导方案。赛场环境中存在人员密集、车流人流交错的区域，除了设置齐全的指示标志外，须增加引导人员，并开辟备用通道。

7. 大赛期间，承办单位须在赛场管理的关键岗位，增加力量，建立安全管理日志。

（二）生活条件

1. 比赛期间，原则上由执委会统一安排参赛选手和指导教师食宿。承办单位须尊重少数民族的信仰及文化，根据国家相关的民族政策，安排好少数民族选手和教师的饮食起居。

2. 比赛期间安排的住宿地应具有宾馆/住宿经营许可资质。以学校宿舍作为住宿地的，大赛期间的住宿、卫生、饮食安全等由执委会和提供宿舍的学校共同负责。

3. 大赛期间有组织的参观和观摩活动的交通安全由执委会负责。执委会和承办单位须保证比赛期间选手、指导教师和裁判员、工作人员的交通安全。

4. 各赛项的安全管理，除了可以采取必要的安全隔离措施外，应严格遵守国家相关法律法规，保护个人隐私和人身自由。

（三）组队责任

1. 各学校组织代表队时，须安排为参赛选手购买大赛期间的人身意外伤害保险。

2. 各学校代表队组成后，须制定相关管理制度，并对所有选手、指导教师进行安全教育。

3. 各参赛队伍须加强对参与比赛人员的安全管理，实现与赛场安全管理的对接。

（四）应急处理

比赛期间发生意外事故，发现者应第一时间报告执委会，同时采取措施避免事态扩大。执委会应立即启动预案予以解决并报告组委会。赛项出现重大安全问题可以停赛，是否停赛由执委会决定。事后，执委会应向组委会报告详细情况。

（五）处罚措施

1. 因参赛队伍原因造成重大安全事故的，取消其获奖资格。

2. 参赛队伍有发生重大安全事故隐患，经赛场工作人员提示、警告无效的，可取消其继续比赛的资格。

3. 赛事工作人员违规的，按照相应的制度追究责任。情节恶劣并造成重大安全事故的，由司法机关追究相应法律责任。

十四、竞赛须知

（一）参赛队须知

1. 参赛队员必须为同校在校学生，不得跨校组队，违者取消竞赛资格。

2. 熟悉竞赛规程和赛项须知，领队负责做好本参赛队竞赛期间的管理工作。参赛队员在报名获得审核确认后，原则上不再更换，如筹备过程中，队员因故不能参赛，须所在省级教育主管部门于相关赛项开赛 10 个工作日之前出具书面说明，经大赛执委会办公室核实后予以替换；参赛队员注册报到后，不得更换，允许队员缺席竞赛。

3. 竞赛前指定一名领队或指导教师抽签，确定竞赛顺序、出场竞赛等。

4. 参赛队按照大赛规程安排凭大赛组委会颁发的参赛证和有效身份证件参加竞赛及相关活动。

5. 参赛队员必须穿着大赛下发的服装。

6. 参赛队统一使用赛场提供的计算机、竞赛设备、设备附件和工具等。

7. 如在竞赛过程中出现特殊情况，由各代表队与现场工作人员协调联系和反映，不得以任何理由中断竞赛或中途带选手退场。

8. 各参赛队必须按操作规程要求竞赛，在竞赛过程中不按操作要求，出现人为损坏赛项提供的设备情况，由参赛队照价赔偿。

9. 各参赛队参赛报到时，须安排为参赛选手购买大赛期间的人身意外伤害保险。

10. 本竞赛项目的解释权归赛项执委会。

（二）指导教师须知

1. 每个参赛队最多可配指导教师 2 名，指导教师经报名、审核后确定，一经确定